ARTURO HERNANDEZ SAMETIER

I0102531

MAESTRO DE

DELINCUENTES

Enseñanzas de una vida educando
pandilleros y jóvenes perdidos

DISEÑO DE LA COBERTURA:

ANAIS ADELITA HERNANDEZ

DISEÑO DE LA CONTRAPORTADA: MARIAH YAGER

Luna Triste Press

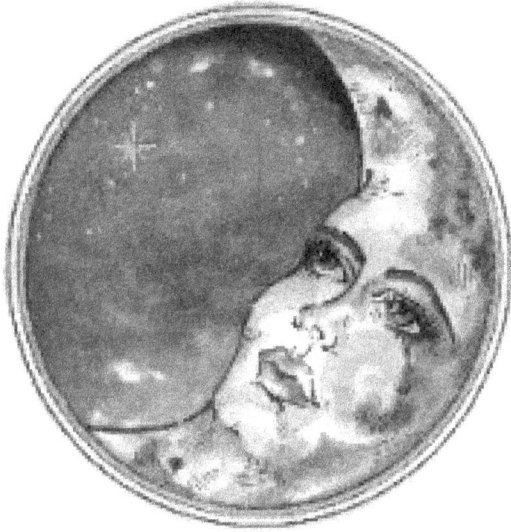

LUNITABOOKS.COM

Copyright © 2020 Luna Triste Press
www.lunitabooks.com
602.325.1224

ISBN: 978-1-7364211-4-7 print
ISBN: 978-1-7364211-5-4 ebook
Traducido del inglés por Emily A. Bustacara

Dedicado

Emily Ariana

Mi esposa y mi hilo rojo

Mi felicidad y fortuna

Mis Estudiantes de Barrio Clanton y

Primera Flats

La Comunidad indígena Pima

Maricopa del Rio Salado

1

El niño tendría catorce años, vestido de camiseta blanca, tenis converse y pantalones anchos, como gustaban a los cholos. Me senté a su lado en la oficina del director. Las sillas eran de madera sólida, como los bancos de iglesia. El chico no podía sentarse cómodo.

—¿Qué hiciste? —Le pregunte.

—Nada. Nomás quieren echarme de la escuela. —Estaba ansioso.

—¿Viene tu madre? —El cholito pensó un minuto antes de contestar.

—El director dice que encontró un destornillador en mi casillero, y eso cuenta como un arma. Pero no fue mío, y me quieren expulsar.

—¿A dónde te van a mandar?

—No lo sé. Lejos.

—Vas a tener que levantarte temprano.

—No voy a ir. A la mierda con el director.

Era mi primera semana trabajando como *asistente corredor* para la oficina de ausentismo. Mi supervisor, el señor Scanlan, ya era persona mayor y no iba perseguir a pie un chavo por la calle. Para eso tenían el asistente.

A los niños delincuentes les gustaba este arreglo. En su carro Buick, el señor Scanlan y yo buscábamos menores que no asistían a la escuela. Al ver uno por la calle, Scanlan se acercaba con el Buick, y me soltaba a corretearlo. Yo corría por callejones, a cruzar patios, entraba a las tiendas, hasta que el chavo se daba la vuelta, disminuía la velocidad y esperaba a que lo atrapara. Y todo para acabar deteniendo a un adolescente sudoroso, y él riendo y actuando loco.

—Déjame ir, Hernández, o te voy a dar un putazo.

Nunca me tocó el putazo. Los muchachos sabían que no volvería a perseguirlos, y se terminaban las aventuras. Muchos me esperaban siempre en las mismas esquinas.

Esa noche, después de conocer al cholito que iban a expulsar, acompañé a el Sr. Scanlan a visitar los padres del joven. Era barrio fuerte, el centro de los ángeles por la calle donde se acomodaban miles de personas sin casa. Por la noche hacían sus casitas de cajas o tapa, encendían fuegos, se metían periódicos a las camisas para el frio, y era una gran bulla.

Por esa calle encontramos el domicilio del chico que había conocido esa mañana.

Subimos a el tercer piso y el cholito abrió la puerta. Su cara color de amaretto se puso rojiza al mirarnos. Él estaba vestido para salir de parranda: caquis color canela y una camisa Pendleton, cuadrada y de lana, planchada y abotonada hasta el cuello. Sobre su pelo una redecilla negra cuyas costuras formaban una araña a la mitad de la frente; sus zapatos negros pulidos hasta el brillo.

—Te ves muy bien, Gustavo, hasta con zapatos Imperiales de pachuco. Estamos aquí para hablar con a tus padres.

No era tan amistoso, ni tan asustado, como lo había sido antes. Me di cuenta que él tenía tatuado "Silent" entre el pulgar y el índice. Como no me respondía por su nombre, intente por el que traía en la mano.

—Silent, ¿puedo hablar con tu mamá? Tenemos que buscar una nueva escuela.

El chico voltio a ver su mamá que caminaba hacia la puerta. Luego me dio una mirada dura y murmuró «*Leva*» (una vaga amenaza) y se perdió por la noche.

Les explicamos a los padres que Gustavo estaba expulsado, y que el autobús de estudiantes lo llevaría a una nueva escuela. Y prometimos a la mamá que si Gustavo se encontraba con pandilleros rivales en la nueva escuela, de inmediato lo transportaríamos a casa.

Algo de milagro, los padres de Gustavo lo entregaron en la mañana. Se veía sin dormir, pero se subió a el bus escolar sin protesta. El Señor Scanlan y yo seguimos el autobús por treinta minutos hasta llegar a la nueva escuela.

Nos bajamos al llegar, pero Gustavo no estaba esperándonos como habíamos acordado. Revisamos las corrientes de estudiantes que se acercaban a la secundaria.

El señor Scanlan lo encontró primero.
—Va para la esquina.

—Buen ojo, señor.

—Con este tipo, solo es buscar al que se está escapando, Arturo.

Nos fuimos caminando en su dirección cuando Gustavo desapareció entre una multitud que se formaba al fin de la calle.

Ay que entender que la edad de catorce años es una edad peligrosa. Todavía no entienden la permanencia de algunas consecuencias, sean muerte, salud o cárcel. A los catorce, no se ha desarrollado la perspectiva: el futuro es ahora, el mundo inmediato. Un joven de catorce años desesperado o perdido es dispuesto a la tragedia. Lo he visto: paran de comer y mueren de anorexia; se suicidan con ahorcarse; si tienen arma dispararán a matar; se arrojarán sin miedo por un balcón para acabar su vida. Un adolescente pueda ser valiente, pero también vulnerable, tonto y peligroso. Lo peor: cuando adolescentes encuentran a otros que comparten la misma realidad distorsionada, se amplifican los impulsos irracionales y destructivos.

Para Gustavo, su cuento termino ese día. En la esquina se encontró con un automóvil lleno de delincuentes, un grupo de pandilleros que venían de otro sector, y por las ventanas abiertas se burlaban y amenazaban a la multitud que se habían reunido.

Gustavo pasó hacia el frente de todos y acercándose al carro, se levantó la camiseta, mostrando el tatuaje de la pandilla "Clanton" tatuada en rojo y negro sobre su estómago.

Aparecieron armas, y los niños de los alrededores comenzaron a correr, mientras Gustavo permanecía desafiante. Los muchachos en el auto apuntaron y descargaron las armas que Gustavo bien sabía que tendrían y sin duda usarían.

2

Shorty era tímido, de voz suave. Recibía educación, pero sin resultados. Un chico moreno, con cara de luna y ojos de cierva, Shorty reprobó todo el noveno año de escuela, pero era demasiado mayor para quedarse atrás. Yo dudaba que siguiera asistiendo.

Estaba seguro de que Shorty podía manejar un trabajo. Era honesto. Un pandillero por falta de otro lugar donde estar. Lo conocí poco después de que mataron a Gustavo. Lo dejaba pasar ratos en la oficina de absentismo y lo llevé a salidas de recreo con mis otros vagabundos.

—Los hijos de Arturo, —decía la secretaria jamaicana de nuestra oficina.

Un viernes, Shorty me presentó a Nemo, su hermano mayor, cuando pasó por la escuela en una Chevy pick-up de los 60s, el estilo que le gustaba a los cholos. Nemo era un chico corpulento, con el pelo corto y conversación pausada. Ejercía poca energía, pero estaba dispuesto a hablar.

—Cool pick-up. ¿De qué año? —Le pregunté asomándome por la ventanilla del pasajero.

—Chevy 62

—¿Lo vas a arreglar?

—Voy a bajarla y ponerle hidráulica.

—¿Estas en un car club? —ignoró mi pregunta.

—Tengo una escopeta escondida debajo de mi asiento, así que nadie me la jode.

—Las hidráulicas y todo ese rollo cuestan bastante.

—Ya tengo el dinero. Shorty no necesita buscar trabajo, podría trabajar conmigo, pero es estúpido. Es esa *ruca*, su nueva novia, la que le está afectando la cabeza. Sus hermanitas ganan buen dinero.

Hizo una pausa para mirar a su hermano pequeño. —Te jodo, Shorty.

—¿A qué se dedican tus hermanas? —pregunté.

—¿Este tipo es un policía narcó? —El tono de Nemo no me parecía preocupado.

Ignorando a su hermano, Shorty dijo: —Llevan sus drogas a la gente esperando cerca, o la gente se acerca a ellos mientras juegan en la calle. Solo tienen nueve años.

—Los policías son estúpidos, —añadió Nemo. —Siempre me están buscando, pensando que voy a tener esa mierda a la mano.

Se fueron a casa en el pick-up. Pero dos horas después, estaba viendo las noticias de la noche en el canal KTLA. Anunciaron una matanza en el L.A. Street Scene, el gran festival de Broadway. Reconocí la camioneta blanca.

Shorty llegó temprano a la escuela y ya estaba sentado junto a mi escritorio cuando entré a mi oficina.

—¿Fue Nemo? —le pregunté.

—Si. ¿Escuchaste lo que pasó? —lo dijo con el cuerpo quieto y sus grandes ojos apuntando hacia mí.

—Lo siento. Sé que era un tipo rudo, pero te cuidaba. Era un buen hermano.

—Estaba estacionado en la fiesta de la calle Broadway, y un tipo se acercó a su ventana y disparó. Llamé a mi mamá y me dijo que no podían mostrar su cuerpo porque su cara estaba hecha un desastre".

—¿Has visto a tu madre?

—No, todavía no.

—Yo se que íbamos a buscarte trabajo, pero podemos ir a ver a tu mamá en su lugar.

—¿Podemos hacer ambas cosas? Le conté a Nikki, mi novia, sobre el trabajo.

Fuimos a la mañana siguiente, y lo recogí donde vivía con su novia Nikki. Se había mudado con ella dos meses antes, después de que el médico dijo que estaba embarazada.

Lynwood, donde vivía Nikki, fue a un tiempo un suburbio con el logo "la ciudad más autentica de Estados Unidos". Pero después de las protestas contra leyes racistas, agentes de bienes raíces racistas recorrieron el área diciendo que todo vendieran porque "los negros de los disturbios están tomando el control". Los agentes se hicieron ricos y dejaron atrás una cuidad caótica. La carretera principal se llenó de moteles baratos que atendían a las prostitutas. Ahora era una calle que daba nervios a los que conducían carros cuando los semáforos se ponían rojo.

Shorty y su novia vivían en uno de estos moteles. El cuarto era uniformemente marrón, desde la alfombra hasta las cortinas. No había aire acondicionado y el calor tenía al niño en una roña constante. El llanto los tenía a ambos sin dormir.

En el lento trayecto desde el motel hasta la casa de su madre, me dijo que había visto recientemente al presidente.

—Estábamos en Beverly Hills robando a los parquímetros.

—¿Y viste al presidente?

—Había toda esta gente al final de la calle, así que fui a verlo, y el presidente pasaba en una limusina.

—Shorty, ¿estabas robando medidores? ¿Con policías por todas partes? —Voltee para ver su expresión. — Yo no sabía que se podía abrir y robar los medidores, mucho menos en Beverly Hills.

—Estaban ocupados los policías. Lo hacemos rápido.

—¿Cuánto ganaste?

—Unos doscientos, pero tuvimos que dividirlo con todos. Conseguí treinta por el bebé.

Seguíamos ya por la calle Macy, pasando grandes depósitos de chatarra a cada lado. Macy se convirtió en la famosa Sunset Boulevard y vimos miembros de una orquesta caminando a un concierto con cajas de formas extrañas.

Llegamos a Silverlake y acompañé a Shorty hasta los apartamentos donde su madre alquilaba. Escuchamos un fuerte "¿Quién es?" y Shorty respondió antes de abrir la puerta.

Su madre salió del baño y nos recibió en la sala. Era una mujer de treinta y seis años, de figura delgada. Tenía una cualidad adolescente, vestida con pantalones de pana apretados y camiseta negra.

—Lo siento por Nemo. Lo conocí el otro día. Vino a recoger Shorty de la escuela.

La mama respondió. —Nemo era mi macho. Él nos cuidaba. Todos los días de esta semana, el diablo me ha estado persiguiendo. Él espera debajo de mi cama y la sacude, pero yo sé que El Señor me protegerá. Esta mañana, el diablo estaba sacudiendo mi cama, y pensé que los bebés podían escucharlo, y grité *'¡Jesús está conmigo!'* Eso hizo que se detuviera.

Todavía estábamos parados y pidió que nos sentáramos. Me uní a Shorty en el sofá y seguimos atentos.

—Shorty sabe que no tengo miedo. Y no soy una de esas mamás que están pasadas de moda. No tienen nada que puedan esconder de mí, —nos dijo con la voz agitada.

—¿Por qué no ayudas a Shorty? —me preguntó. —Tengo las manos ocupadas y sé que algo está en mi cabeza desde que mataron a Nemo. Solo quiero encontrar a la mierda que hizo esto y hacerle sentir lo que yo siento.

Dejamos a su mamá, y de regreso al auto, le pregunté a Shorty por su padre.

—Murió en un accidente de moto. Él y mi mamá solían viajar juntos, pero luego lo chocaron y se enfermó. Fue entonces cuando Nemo empezó a negociar drogas.

Le compré a Shorty una camisa en la tienda de segunda mano y un traje de veinticinco dólares que le quedaba como Charlie Chaplin en *El pequeño vagabundo*. Tenía una carta en papel de la escuela explicando que Shorty era un buen chico y agradeceríamos que un empleador le diera oportunidad. Un hombre asiático en el centro comercial Lakewood Mall leyó la carta y dijo que resolvería algo. Le enseñó a Shorty a almacenar y vender zapatos, y le pagaba unos cuantos dólares "cash" a finalizar el día. Pero el dueño de la tienda no tenía suficiente trabajo, solo estaba tratando de ayudar. Al final de la semana, Shorty quería probar en otro lugar.

Decidimos presentar la solicitud en el restaurante "Arby's" del mismo centro comercial. El dueño, un hombre mayor, alto, delgado, y de pelo blanco, miró la carta y nos pidió esperar. Regresó a los pocos minutos con una bandeja de cambio y preguntó si Shorty estaba listo para entrevistar. Shorty asintió con un movimiento de cabeza. El dueño buscó en la bandeja un billete de un dólar.

—Digamos que una Coca-Cola cuesta sesenta y ocho centavos, y el cliente te da este dólar".

El dueño llamándolo por su hombre real le dijo, —delante Robert, cuéntame el cambio.

Nada. Los ojos de Shorty se congelaron. Tampoco podía hacerlo usando lápiz y papel. Simplemente no tenía idea.

—Mira, quiero ayudarte, Robert, pero no puedo tenerte en la caja registradora si no puedes hacer cambio, y todos nuestros empleados trabajan en todas las estaciones. Hay que cocinar, tomar pedidos, limpiar y saber cómo cobrar.

—¿Y si yo le enseño, usted le daria la oportunidad?

—Por supuesto, si él aprende yo estaría dispuesto a darle una oportunidad.

Trabajamos en aprender la matemática de manejar monedas durante una semana, contando el dinero hacia adelante y en reversa. Con la practica diaria empezó a ganar confianza. A la semana regresamos, y el señor cumplió su palabra y contrató a Shorty.

Pero solo duró el mes porque tenía dificultades para llegar a tiempo. No estaba acostumbrado, el bebé lo mantenía despierto por la noche, los autobuses tardaban en llegar cuando se perdían. Y en el autobús lo molestaban otros pandilleros debido al tatuaje debajo del ojo, su corte de pelo, su ropa y sus gestos.

—¿Por qué no vuelvo a la escuela?", me preguntó. —Siento que eso es lo que debería estar haciendo.

—¿Dónde vivirías? ¿Y qué hay de Nikki?

Me sentí en conflicto con mi respuesta. El padre Sharp, de San Vicente, que bautizó al bebé de Nikki, ya me había advertido que no animara a Shorty y Nikki a casarse. —No les eches otro problema a estos niños, —me dijo.

No era tanto que yo quisiera que se casaran, o que Shorty siguiera la carrera en Arby's, sino que los recursos se habían agotado por mi parte, y solo quería que se estableciera en algún lugar.

—Tal vez yo pueda volver a casa y ella a vivir con su madre, ofreció Shorty. —No lo sé, pero me van a despedir del trabajo y sigo pensando en la escuela.

—Tienes que decidir algo, —le dije. —Tal vez puedas ir al Job Corps como tu amigo David. Me estoy poniendo ocupado y se me está haciendo difícil resolver y cuidarte.

—Sé que no siempre vas a estar aquí. —la respuesta fue calmada y sin resentimiento.

Perdimos el contacto poco tiempo después. Nada se enderezó.

3

Puppet pertenecía a la pandilla Primera Flats, pero conoció a un chico de la pandilla Diamond Street, por lo que pasó mucho tiempo con él, los dos durmiendo en autos, en parques, en los sótanos de diferentes casas y en los pisos; a veces en el techo del Hotel Mayflower, donde los pandilleros ya adultos, los que les dicen veteranos, a menudo pasaban la noche.

Puppet tenía una hermana gemela, una diminuta niña de catorce años que se dio el nombre "Shy Girl", aunque no era nada tímida. Su nombre de nacimiento era "Heidi" y ella contaba entre mis pocos éxitos. Después de encontrarla varias veces en la calle en lugar de la escuela, hice un experimento: Rodie a Shy Girl con voluntarias universitarias, chicas exitosas que le ayudaban con sus tareas, la llevaban a conocer novedades, la invitaban a almorzar y la llamaban a casa. Copero su madre e hizo una amenaza creíble de seguir su hija clase a clase si no se ponía seria. Para "Shy Girl" todo esto fue suficiente y en el momento indicado. Se enderezó, y hasta surgió su liderazgo. Después de aprender a jugar voleibol con una de las voluntarias, Shy Girl se puso a formar una liga de niñas en el parque.

Ella me preguntó si yo también podía hacer algo por su hermana. Se había hecho la tonta ante mis preguntas sobre Puppet, diciendo que ya no eran cercanas y que no tenía idea de ella. Pero Shy Girl empezó a preocuparse que su gemela estaba metida en problemas del tipo que no hay salida, sobre todo cuando escuchó rumores.

—Ella se queda en esa casa de cholos pandilleros. Eso es lo que dice todo el mundo.

—¿La casa que los cholitos llaman la mansión?

—No es una mansión, señor. Deberíamos ir a buscarla.

—Te sacaré de clase después del almuerzo. ¿Qué tan lejos está?

—Podemos caminar.

Al cruzar el patio de la escuela, vi a dos niños peleando afuera de la oficina de ausentismo. Traté de separarlos, pero uno de los combatientes me golpeó con un bote de basura cuando agarré a su adversario. La administradora Sra. Lewis, una mujer amplia y ya abuelita, no tuvo problema en apaciguar las cosas. El trabajador de mantenimiento me llevó a la cafetería para sacar la bandeja de hielo y me puse dos cubitos en el moretón. Todo el mundo tuvo chistes y comentarios.

La señora Nuremberg, subdirectora de la escuela, me advirtió que sólo debíamos asegurar de que existía esa "mansión", y preguntar si el estudiante en cuestión, la hermana de Shy Girl, se alojaba allí. No debíamos entrar.

En los días después de rescatarla, Puppet nos contó lo que se recordaba de la noche anterior, y porque la encontramos como la encontramos:

Recordaba maquillarse con una base blanca. Le gustaba aplicar delineador de ojos grueso y labial negro. Depiló las cejas hasta formar una línea delgada. Tomó el autobús hasta Maple Street y caminó hasta la casa abandonada donde sus amigos pasaban el rato.

Sus recuerdos al llegar: un pandillero mayor que iba por el nombre "Big Sleepy", poniéndose frenético cuando sus pequeños papeles blancos, sus dosis de ácido volaron por la banqueta. "Popeye" y "Droopy" esnifando un trapo mojado de pintura. "Goofy", a quien nadie había visto nunca sobrio, aturdido por oler pegamento. "Sharky" mostrando su bastón de sherm, un cigarrillo mojado en la droga PCP, que él y "Creeper" se iban a pasar entre ellos.

"Shotgun", una chola alta y siempre brava tomaba dosis de ácido en los escalones de la entrada. El que llamaban "Little Joe" estaba borracho, y Mike, que vivía en un coche abandonado y todo el mundo sabía que estaba loco, convulsionando después de inhalar profundamente el trapo lleno de pintura que Popeye compartía con Droopy.

Debido al incendio, la sala de esa casa tenía un agujero grande donde había desaparecido el piso. La pared frontal ya no existía, y se podía pasar de afuera a la sala o bajar con un brinco al sótano, donde ahora estaba el sofá de la sala, en parte carbonizado.

Otros que allí estaban nos contaron lo que Puppet no pudo: "Little Joe" trató de manosear a Shotgun, pero incluso drogada, ella se defendió sin problema. Entonces Little Joe bajó escaleras al sótano, donde vio Puppet dormida en el sofá carbonizado. "Dreamer" admitió que Little Joe le dijo:

—*Mira, Puppet piensa que eres lindo. Se deja. Tú vas primero, y luego hacemos el tren con ella".*

Puppet nos dijo que sus últimos recuerdos antes de caer dormida fueron figuras grises con puntas de luciérnaga que salían de sus cigarrillos; y de un radio, la voz del DJ Art Laboe aceptando dedicaciones entre parejas.

Después de hablar con la directora, Shy Girl y yo fuimos buscando a Puppet, caminando veinte minutos por Calle Figueroa, abriendo paso a través de una multitud de mujeres vietnamitas y latinas que salían de las tiendas de costura y se reunían alrededor del camión de almuerzo. Doblamos por la calle Trece hacia La Maple.

—Ella está en esa casa. Esa es la mansión, —me dijo Shy Girl.

Era obvio que la casa aun tiempo fue elegante, dos pisos con un ático. Muebles quemados yacían sobre la yarda en frente de la casa, rodeados de latas de pintura, latas de cerveza, zapatos, botellas, piezas de bicicleta y un televisor. En medio del césped seco descansaba un sofá naranja con un niño somnoliento. Nos acercamos. Sus ojos estaban llorosos y su rostro cubierto de pintura plateada. Lo reconocimos.

—"Grumpy" —dijo Shy Girl. —el Sr. Hernández está aquí para hablar contigo.

—¿Quién?

—El de la escuela que te corretea. No te hagas tonto.

Moví el paso, diciéndole a Shy Girl: —Creo que deberíamos buscar a tu hermana. Esto tiene que ser rápido.

Grumpy fallo en sentarse y cayendo al mueble dijo, —Los homeboys tuvieron fiesta anoche.

Lo dejamos. Shy Girl se acercó donde faltaba la pared y vio su gemela dormida en el piso del sótano.

Decidimos entrar por la puerta de la cocina, que se veía menos instable. Una figura de luchador sumo con cabeza redonda y calva se recargaba contra un refrigerador.

—Watchale —el chico corpulento dijo con sarcasmo, —la Shy Girl trajo un policía narco.

—Ese es Little Joe, —me dijo Shy Girl.

—Vaya, Homey, —siguió Little Joe —¿Vienes a cerrar nuestro cantón? Te lo perdiste, Homeboy. Anoche pusimos a la hermana de Shy Girl en el tren.

Se podía ver por el agujero en el piso que Puppet tenía dos muchachos en el piso con ella.

Entrando a la casa, y reconocí a Sharky y Popeye. Los dos usaban pantalones extra holgados y practicaban una caminata estilizada en la que las rodillas casi tocaban el suelo antes de rebotar, como una marioneta. Se habían robado o encontrado un guardabarros y lo cargaban entre los dos.

—¡Soy Loco, sin cerebro! —gritó Sharky. —y dejaron caer el guardabarros.

—Cómo te gusta este poema, Hernández. *"Cuando era de Flats, era malo, ahora que soy de Clanton, soy matón"*. Es cabron, ¿eh Homie?

—¿Dónde está la señora Lewis? Ella te defiende —preguntó Popeye, con la boca aún cubierta por la pintura plateada de la noche anterior.

—¿Estás listo para ir a la escuela? —le respondí.

—Sí, Homeboy. Pero no. Hoy me tomo unas vacaciones, Sharky y yo. Porque no le dices a tu tío Popeye lo que quieres.

Me dio ganas también de joder, y le dije:

—¿Primero dime si escondes el resto del coche en los pantalones? —era divertido bromear con Popeye. Aunque probablemente este no era el momento.

—*Ooo, shit* —dijo alguien—. Homeboy se burla de tus pantalones.

—Y apuesto que se podía sentar Little Joe en esa frente gigante, Hernández, —respondió Popeye.

Una diminuta muchacha negra con trenzas africanas se unió a la conversación.

—Dile a ese viejo blanco con el que te veo que se mantenga al margen de mis asuntos. Yo le disparo una bala. —La cocina en que estábamos se estaba llenando de chicos.

—Se lo diré. —dije en voz ya seria. —¿y cómo te llamas?

—No necesitas el nombre de nadie. Y tú solo eres un asistente. ¿Qué haces aquí?

Todo el mundo empezó a quejarse.

—Tu no puedes arrestar a nadie.

—*Chale*, saca las esposas, *Homes*.

Sharkey se acercó a mi cara y fingió un puñetazo, golpeando su puño en la palma de su mano.

—Tendré que noquearte, *Homes*.

A Shy Girl no le gustaron estas bromas. —Vino a buscar a Puppet! —les grito.

—*Shale*, —me dijo Droopy. El tenía un ceceo en el que no podía pronunciar *Chale*. —Porque no vinieron anoche.

Droopy y Popeye se habían puesto lado a lado, ambos todavía cubiertos de pintura, con sonrisas tontas y balanceándose uno en el otro.

—Shy Girl, —le dije. —Quieres intentar conseguir a tu hermana?

—Usted tiene que hacerlo, señor. Es terca.

La niña de trenzas preguntó —¿Qué quieres con ella?

—Podría tener un trabajo para ella. La queremos ayudar. Y su madre está preocupada.

Miré al sotano, en dirección de Puppet. —Ustedes saben que esto no está bien.

—Nadie la obligó, —dijo Popeye. —¿Por qué no me das a mi un trabajo?

—Porque no tienen trabajo oliendo pintura, —le informó Little Joe.

—Tal vez tienen un trabajo para los gordos estúpidos, —le respondió Popeye.

La chica de la trenza africana se movió frente a mí, mirando hacia arriba. —

¿Tenemos que ir a la escuela para conseguir los trabajos?

Lo que respondí cambió el resto de mi vida.

—No, no tienes que venir o volver. No podemos obligarlos y estoy cansado de correteearlos. Voy a abrir una escuela solo para ustedes. Para las pandillas Flats y Clanton. Conseguiremos trabajos y les gustará estar allí.

La Shy Girl recogió una cobija del suelo y la colocó sobre su hermana desnuda. Tal vez fue el consumo de drogas de la noche, pero Puppet se quedó quieta durante toda la bulla, con los ojos cerrados, sin reaccionar a la conmoción que la rodeaba. En ese estado, imposible ponerla a caminar.

A Shy Girl y le hice un gesto con la cabeza para que me siguiera. Pensé ir a buscar al señor Scanlan y volver por Puppet con su coche. Para entonces ojalá estaría sobria.

Shy Girl y yo caminamos de regreso a la escuela. Era claro que se necesitarían trabajadores sociales y la policía. Le dije que les llamaría tan pronto como llegáramos.

Shy Girl no discutió. Yo vi lo triste en su rostro cuando arrojó la cobija sobre su hermana.

—Señor, usted no puede abrir una escuela. Sé que solo estabas hablando.

Habíamos caminado a buen ritmo y solo esperábamos a que cambiara el último semáforo.

—Eso fue una tontería, —le siguió Shy Girl. Te vas a meter en problemas. Seguro que ahora no van a obedecer a nadie.

4

Shy Girl tenía razón. Pero todos sabemos que cuando se persevera con certidumbre, esa fe que mueve montañas, eventualmente Dios da una manita.

Les dije a mis directores que por el desastre que encontramos en la casa abandonada, y sin pensar, había prometido una escuela a los delincuentes. En lugar de enojarse, o reírse, me dijeron "Investígalo".

Había un almacén vacío detrás de la escuela secundaria, y por allí empezamos. Se organizaron varias reuniones para averiguar sobre convertir el almacén en una escuela alternativa. El jefe de policía y representantes del alcalde aparecieron, y por un momento estuvo cerca de llevarse a cabo.

Los estudiantes y los padres seguían noticias del esfuerzo a través de boletines y rumores, y me preguntaban de la prometida escuela cuando recogía chicos vagando. Pero al fin, la cuenta para comprar el edificio superaba la capacidad del distrito escolar.

Ese verano acepté otro trabajo en ese mismo barrio. Caridades Católicas operaba El Santo Niño, un pequeño centro comunitario que tenía programas recreativos. Las monjas que dirigían eran humildes y buena gente. Dieron chance a tres de mis cholitos, Sharky, Smiley y Droopy de trabajar conmigo.

Yo note que el auditorio del centro poco se usaba durante los meses de escuela. Pero no dije nada sobre mi idea de establecer una escuela para los cholitos del barrio. Era riesgoso tener un cuarto lleno de pandilleros. Los Angeles era el centro de "drive-by shooting" en cual pandillas pasaban en carro y metían bala donde pensaban que estaban sus rivales: y no importaba si fuera casas, escuelas o áreas públicas.

Pero la idea de educar los niños perdidos del barrio no se me quitaba.

El Santo Niño tenía un equipo de fútbol financiado por la fundación del famoso boxeador Sugar Ray Robinson. Me pusieron a entrenar al equipo y decidí agregar a un par de mis cholitos. Dudaba que iban a jugar, pero yo sabía que estaban aburridos y les iba gustar salir a nuevos lugares. Todavía no había enviado por correo sus tarjetas de seguro, pero les permití subir al autobús con el equipo.

Los dos cholos desaparecieron tan pronto como llegamos al campo de futbol. En el medio tiempo, aparecieron con herramientas de jardinería que habían robado del vecindario local. Me enojé y les dije que tenían que quedarse a jugar, o llamaría a sus padres para que vinieran a buscarlos. Puse a Grumpy a la defensa a pesar de que llevaba tenis viejos sin tacos. Esos tenis estaban lizos, el zacate mojado, y pronto se resbaló y rompió su brazo derecho.

Al día siguiente estaba en las oficinas administrativas de la fundación con una cuenta médica que se tenía que pagar. Estaba nervioso, preguntándome qué tan responsable sería yo de todo. Llegué y esperé hasta que un empleado me llevó a la directiva. Me informaron que Sugar Ray también estaba en el edificio y también hablaría conmigo.

Sugar Ray Robinson, el gran campeón de boxeo ahora se dedicaba ayudar a jóvenes; pero, aunque jubilado seguía siendo una figura fuerte y formidable. Me estrechó la mano y se sentó en su escritorio. Otros dos caballeros se unieron a nosotros y comencé a disculparme.

El boxeador levantó una mano para que me calmara.

—Estas cosas pasan. Estos señores y yo solo queremos escuchar los hechos. Entonces, ¿qué pasó exactamente?

Les expliqué.

—Eso fue un error, hijo. Error grande. No tanto por el dinero, sino por perder la calma y ser impulsivo.

Sugar Ray pidió ver la factura y firmó un cheque al hospital. Iba a estrecharme la mano de despido cuando le dije —Sr. Robinson, esos niños que me llevé, yo prometí comenzar una escuela para ellos. Creo que unas monjas me prestan un edificio, pero me faltan recursos.

Sugar Ray de nuevo me detuvo el cuento.

—¿Joven, me estás pidiendo dinero?

Sentí calor en la cara. Me había pasado.

—Hijo, yo sé lo que es necesitar dinero. Mi fundación gasta millones. Todos los años me dirijo a políticos y donantes y hago lo que tu acabas de hacer. Siempre empiezan con decir *"Nomas si se aprueba el presupuesto, o nomas si tal o cual comité lo acepta"*. Pero yo los detengo. Nadie le dice a Sugar Ray *"Nomas si esto"*. Aprenden en lugar a decir *"Esto es cómo se va a lograr"*. Porque siempre existe el *"como"* si se insiste en encontrarlo.

Y el excampeón del mundo me dijo que, si yo podía demostrar como un joven de veinte años sin títulos tenía el derecho de iniciar una escuela, y si podía encontrar a otra persona o grupo a financiarme, él al menos los igualaría, con su propio dinero.

Llamé al gobierno y hablé con la oficina que regulaba las escuelas privadas. Me informaron que, si mi escuela cumplía con los códigos de construcción, con dos puertas de salida, y era mayor de edad, el estado emitiría un permiso para operar. La escuela no tendría el respeto de una escuela acreditada, pero sería legal para dar clases y aceptar estudiantes.

Pero faltaba el dinero. Pasé semanas buscando ideas en la biblioteca y con la guía telefónica. Hice visitas, llamadas y escribí cartas.

Nada. Nadie iba a sacar su chequera o financiarme. Luego me robaron mi vieja camioneta y tuve que usar el autobús publico.

Vivía al principio donde se montaban los primeros pasajeros, pero a menos de una milla, la gente estaba apretada y de pie. No había caballerosidad: jóvenes como yo nos sentábamos cómodamente mientras los ancianos volaban por los pasillos cada vez que el autobús se detenía. Ellos eran demasiado débiles para sostenerse a los rieles, y solo los otros cuerpos, densamente empaquetados, los mantenían en su lugar.

Por la noche cuando veníamos todos del trabajo, Recogíamos a los mismos pasajeros, con paradas en el matadero de puercos, los mercados de pescado y los comerciantes de aves vivas. Se acostumbraba uno a el olor.

En uno de esos paseos, una chica vietnamita se sentó a mi lado. Hicimos algunas paradas cuando subió a bordo un anciano ciego y encorvado, de pelo blanco y con una gorra azul de marinero. Trataba de encontrar su lugar mientras la gente hacía maniobras de fútbol a su alrededor. La muchacha vietnamita estiró el brazo, agarró la mano del ciego, y con un solo movimiento se levantó y bajó el anciano a su asiento.

Su consideración me avergonzó. Le ofrecí a la señorita mi asiento y ocupé su lugar parado entre la multitud. Con los brazos estirados para agarrarme a la barandilla superior, examiné los pequeños anuncios que formaban una fila sobre las ventanas. Entre los anuncios de dentistas y abogados había algo diferente: la foto de una mano abierta sobre un fondo negro, con pequeñas letras blancas que ofrecían financiar el comienzo de proyectos comunitarios.

El *cómo* de Sugar Ray Robinson ahí me estaba esperando. Pero nunca lo hubiera visto si no me roban mi camioneta, si no se monta un cieguito de cachucha marinera a ese bus, y si no me avergüenzan los modales decentes de esa niña desconocida.

Seiscientas personas murieron ese año a causa de violencia entre las pandillas de Los Angeles. En Hollywood se hicieron varias películas sobre el tema, dándole mucha fama a los Crips, Bloods, y Calle 18. Fui a la dirección que vi en el autobús y recogí una solicitud. Los fondos venían de un grupo que se llamaba "La Campaña por el Desarrollo Humano."

Le pedí a la hermana Cahill, la directora de El Santo Niño, una recomendación. La monjita irlandesa al primer me recordó que yo no tenía título de maestro y los centros comunitarios eran recreativos y no para correr escuelas. Además, la idea provocaría tragedias.

—Tú sabes bien que tus estudiantes van a atraer a pandillas rivales. ¿Qué hacemos cuando un carro pasa disparando balas al centro?

Pero luego, con una mirada preocupada y sin decir porque, me dijo: —Por favor, ten mucho cuidado.

Ella firmo la solicitud y esa semana el comité de premios me llamo dándome felicitaciones.

Sugar Ray me entregó el cheque prometido. Él igualó los diez mil que me premió la Campaña de Desarrollo Humano. Y con eso tenía un salón, un permiso del gobierno y el dinero para establecer y dirigir una escuela.

5

La escuela se llamo "Secundaria El Santo Niño", pero los vecinos la llamaban "*La Escuela de Los Cholitos*". No podías registrarte a menos que fueras miembro de una pandilla, y a excepción de Lala, que era de Diamond Street, y Lil Man, quien se pensaba venia de los Crips, todos los estudiantes eran de las dos pandillas del barrio: Primera Flats y Clanton.

Sharky tenía trece años y era el miembro más joven de la clase. Yogi, que pronto cumpliría veinte años, era el mayor.

Pero el hecho de pertenecer a pandillas no era lo más crítico para entender estos jóvenes. A el fondo eran un grupo de amigos desde la niñez con un fracaso común, en la escuela y en la vida. Los mismos niños en otro grupo cultural o económico, o geografía diferente, a lo mejor se hubieran marginalizado de otro modo. La forma en que los adolescentes problemáticos se destruyen depende del lugar, las tentaciones, las armas, los ejemplos y las amistades que encuentren. En Los Ángeles de esa época, los jóvenes perdidos y sin futuro se unían para vivir ideas violentas y autodestructivas, alimentadas por drogas y armas fáciles de conseguir.

La delincuencia de cada joven tenía su forma única:

El joven que llamaban *Pirate* tenía dos padres trabajadores que siempre se habían involucrado en su educación, lo habían llevado a las Ligas de beisbol y habían hecho todo lo correcto. Para sus hermanos y hermanas, había funcionado. Pero para Pirata, no fue suficiente. Siempre se presentaba ansioso, amargo y rebelde, y con un cuerpo de seis pies y cinco pulgadas, los profesores preferían expulsarlo a enfrentarse.

Creeper nunca se quedaba quieto y sus movimientos erráticos lo hacía parecer a un flaco títere. Y a la más su "ojo vago" del lado izquierdo nunca se alineaba. Siempre un niño hiperactivo y difícil de enfocar, los maestros no lo podían controlar. Su abuelo, que solo lo estaba criando, lo intentaba, pero no era suficiente.

Smiley tenía un buen corazón y le encantaba soñar de hechos grandes, al igual que sus hermanos. Pero su mente tenía dificultades para mantener las cosas en orden.

A los quince años, no podía sumar o multiplicar dos números pequeños, ni nombrar el planeta o la cuidad en que se encontraba, a pesar de que tenía una hermana en la universidad y padres con un negocio exitoso.

Sharkey no sabía leer. Nada. No era tonto, sin embargo, con ocho años de estudio le costaba completar el alfabeto y no sabía pronunciar las sílabas.

Playboy era inteligente, elocuente y guapo. En la escuela estaba aburrido por lo fácil. Un destacado entre estos chicos perdidos, le encantaba ser el pez grande en el pequeño lago de delincuentes. Necesitaba que alguien o algo le cambiara su dirección antes de arruinar un futuro positivo y alcanzable.

Happy se pasaba la vida soñando despierto, bebiendo cerveza y asustado de las balas que lo seguían mientras conducía su bicicleta a casa. Era un chico de buen corazón y de gran corpulencia. Sus padres venían a menudo y me daban las gracias por trabajar con él. —Es un buen chico, solo que confundido, —me decían.

Sad Eyes y *Lala* eran dos chicas inteligentes pero aburridas de la escuela pública y atraídas por los pandilleros. Pero no eran el tipo de chicas que se victimizaban. Se consideraban cholas, pero tenían ambiciones y poco se mezclaban con la cultura de la droga.

Psycho no era malo, pero mantenía la madurez de un niño en un cuerpo gigante y musculoso. Necesitaba más autocontrol para evitar los mal efectos de sus tonterías. Un día caminó a casa sin pantalones porque los hermanos de Sad Eyes le dieron una paliza y lo desnudaron en la calle. Fue una venganza por lo que sucedió el día anterior: Psycho impulsivamente trató de manosear a Sad Eyes cuando salía por la puerta del salón. Se arrepintió después de hacerlo, pero demasiado tarde para apaciguar la ira de su compañera de escuela.

Woody era un chico de quince años fuerte y bien parecido, con un bajo rendimiento académico y poco apegado a cualquier cosa positiva. Sin embargo, tenía una ética de trabajo adquirida al ayudar con el negocio de limpieza de su padre. Un joven al borde de la madurez solo necesitaba algunas actividades saludables, confianza en la escuela y, como la mayoría de los adolescentes, consejos de alguien que no era su padre.

Droopy podía arreglar televisores y tenía dos hermanos de camino a la universidad. Era bueno para conversar y agradable como compañero. Pero también super hiperactivo y con un defecto emocional y trágico: una vez enojado, nada le importaba. Su adicción a la pintura empeoró las cosas. Se comportaba normal cuando estaba conmigo o con familia, pero esto no podía ser todo el tiempo. La escuela, sentado calladito durante hora tras hora, era imposible para él. El distrito escolar lo expulso cuando golpeó a un maestro. Rara vez tuve problemas con él, pero yo entendía cómo y cuándo dejarlo en paz.

Shadow, el hermano mayor de Sharky, era un ejemplo del típico aprendiz lento. Le encantaba estar en el correccional juvenil porque la vida en prisión era predecible y las clases lentas y estructuradas. En la escuela de la cárcel, cada uno trabajaba a su propio ritmo. Cuando salía de la juvenil, pasaba sus días drogado con pintura y siguiendo en silencio a los otros chicos.

Yogi, con su cara redonda, altura y doscientas libras (noventa kilos), parecía de lejos y cerca el gran oso. Nunca fue violento ni consumidor de drogas. A todos les caía bien. Había abandonado la escuela en séptimo año y dirigía un negocio de pintura de automóviles en el patio delantero de su casa. Pertenecía a la pandilla porque eran los únicos jóvenes que pasaban a platicar durante el día.

Spanky frustraba maestros. Era un chico de catorce años con la mentalidad de un niño de siete. No era peligroso, sino perezoso, un poco mimado e infantil. Por regla general, se pasaba todo el año mirando a los profesores sin poner un lápiz sobre el papel.

Sparky, al igual que Playboy, tenía inteligencia, nunca se involucró en la violencia y rara vez fue más allá de la moderación en el consumo de drogas. Era un verdadero hombre de negocios y, a diferencia de los otros pandilleros, ganaba mucho dinero en el mercado de las drogas. Sabía cómo ahorrar y era un tipo ocupado. No tenía tiempo para travesuras.

El padre de *Casper* pastoreaba una pequeña iglesia local, pero Casper sufría una fuerte adicción a la pintura, la cocaína *crack* y el alcohol, aunque siempre fue servicial y educado. Al igual que Happy, tenía una inteligencia fundamental que nunca había sido aprovechada ni reconocida. En clase, requería reenfocar constantemente y reelaborar el material en trozos más pequeños. Si eso no sucedía, simplemente se sentaba con una expresión pasiva y no retenía nada. Era un chico dulce pero dispuesto a la pelea si se sentía despreciado.

El psicólogo escolar que evaluó a *Goofy* nos dijo que el joven tenía un coeficiente intelectual superior, pero también una discapacidad de aprendizaje que le impedía ejercer sus dones. Su madre trabajaba en las cantinas y poco se encontraba en casa. Goofy se pasaba sus días, de la mañana a la noche, drogado en el parque, mirando al cielo y diciendo tonterías. Por eso le quedo el nombre de Goofy, el perro tonto y torpe, pero en secreto también inteligente.

Lil Man nunca sonreía y daba cara brava a todos. Era un niño afroamericano pequeño que usaba una gorra azul que le escondía sus ojos y aplastaba sus rizos. Completamente analfabeto y temeroso de que alguien lo descubriera, no dejaba saber que era un niño dulce y sensato.

Joker, al igual que Yogi, limitó su participación en la pandilla a salir de fiesta con los chicos. De carácter noble, tenía una madre anciana que cuidar y había abandonado la escuela de niño para trabajar. Su consumo de drogas nunca fue más allá de algo remediado por menudo y chile rojo.

Peanut medía cuatro pies y diez pulgadas (ciento cuarenta y siete centímetros). Era una chica pequeña, delgada y bonita con el pelo largo y negro. Ella no prestaba atención a nada más que a los chicos. La mayoría de los días, sacar a Peanut de la cama implicaba una lucha ruidosa y prolongada con su madre. Debido a que vivía a solo un par de puertas de la escuela, podíamos escuchar las descargas verbales cuando su madre la forzaba salir de la casa.

Sleepy era el hermano de Peanut. Casi ambicioso, y poseedor de un sentido del humor sarcástico. El primer día de clase preguntó, —En nuestro baile *prom* de graduación, ¿vamos a bailar todos con Sad Eyes y Lala?

Se vestía bien, trabajaba cuando se le presionaba, pero a veces podía ser un verdadero cabron.

Wino, un puertorriqueño de Nueva York, me dijo tan pronto como apareció, —Soy un retrasado. Ni siquiera terminé el primer grado. No sé nada de la escuela. La policía ni siquiera trató de encontrarme cuando me escape de la Juvenil. Ya sabían que haría algo estúpido y que me atraparían fácil.

Lo que unía a estos adolescentes como grupo era que, por razones tan variadas como aburrimiento, pobreza, descuido, ansiedades, hiperactividad, y la discapacidad de aprendizaje, todos habían dejado de lado el camino normal y las etapas necesarias para ser adulto. En lugar se quedaron atrasados y perdidos. Y siendo niños, se metieron en problemas, desarrollaron adicciones y empeoraron las cosas para ellos mismos.

6

Reconocí inmediato que yo solito, no iba poder con este grupito. Escribí cartas pidiendo ayudas para la escuela y una mañana aparecieron terapeutas de la universidad Cal State L.A. y ofrecieron dar terapia gratis. Yo nunca había conocido a nadie que hubiera asistido a un psicólogo. Eso poco existía en mi barrio de crianza. Pero supuse que era saludable. Los terapistas se instalaban en mi oficina dos veces por semana, y los jóvenes podían optar por entrar y hablar con ellos.

En una ocasión, después de su cita con la psicóloga, Happy me llevó a un lado y me dijo en voz baja —La señora dice que puedo hablar de cualquier cosa. '¿Le pregunté, incluso si tú y yo hacíamos sexo?'. Y no se enojó. ¡Dijo que incluso podíamos hablar de eso! ¡Se puede hablar de todo!

La experiencia permitió que los chicos supieran que ver a un terapeuta era agradable y no significaba que estuvieran locos. Se podían desahogar sin miedo.

También llamé al departamento de educación de la universidad USC y el director de enseñanza me envió sus mejores aprendices. A los estudiantes les encantaron. Una de las aprendices les daba mucha atención y varios estaban enamorados de ella. No podían entender por qué yo no estaba también enamorado. —Arturo le tiene miedo a eso! —coreaban a coro cada vez que ella salía del salón.

Una panadería nos permitió recoger pan cada lunes por la mañana y una liga de basquetbol mandó entrenadores para formar equipo. En la primera práctica mis estudiantes insistieron en que era imposible jugar en la liga porque si se encontraban con pandilleros de otros barrios, sería guerra y matanza. Pero a la vez me preguntaron —¿Conseguiremos uniformes? —y se emocionaron como niños a saber que serían de calidad profesional y además con tenis de marca.

Incluso el alcalde Tom Bradley ofreció su ayuda. Su asistente invitó a mis jóvenes a el "Grupo de Estudios Sobre la Juventud." Estaba formado por jóvenes que se reunían en el piso más alto de la torre del gobierno. Nos sentábamos en grandes sillas alrededor de una mesa larga y pulida. Mis estudiantes por primera vez se empezaron a sentir que podían tener importancia.

Una de las ocurrencias más impactante fue el resultado de un gesto inesperado. La policía de la División Newton patrullaba el área local. A todos mis estudiantes les había tocado ser arrestados. Estas interacciones eran frecuentes y graves: la policía detenía a los cholos si se veían varios en un automóvil. La policía los corría del parque local, los amenazaba por no estar en la escuela, los interrogaban si parecían drogados o si caminaban la calle después de la medianoche, el toque de queda para menores.

No sabía de qué manera tomaría la policía el tener el núcleo de la pandilla aquí agrupada todos los días. Pedí una cita y me reuní con el sargento de la división Newton. Le hice saber que habría una reunión diaria de delincuentes en el centro católico comunitario. Hablamos un rato, y él me dijo que, en el correccional juvenil, la mayoría de los niños no podían leer las cartas que les enviaban sus novias. Esperaba que nos centráramos en enseñar lo más básico.

Y la primera semana de escuela, el mismo sargento con un segundo policía detuvo su coche de patrulla frente a la escuela. Después de un rato, los dos policías entraron al auditorio que era nuestro salón, creando un ambiente tenso.

Todos asumimos que uno de los estudiantes estaba a punto de ser detenido.

Después de observar a la agrupación de cholitos, los dos oficiales comenzaron a acercarse a los estudiantes. Preguntaban en qué materia estaban trabajando, y ofrecieron pequeños comentarios positivos. Los dos oficiales llegaron a la mesa donde Sharkey y Lil'Man estaban aprendiendo a leer. Se sentaron, uno en cada extremo, y pidieron que les leyeran un párrafo. Los policías les ayudaron a pronunciar unas palabras difíciles, y todos escuchamos el esfuerzo que Lil' Man y Sharkey pusieron para impresionar.

Después de esa primera visita, los policías pasaban dos veces por semana. Revisaban el trabajo de los estudiantes, les pedían explicar lo que estaban aprendiendo y los felicitaban. Lo que más disfrutaba el sargento de policía era leer con Sharkey y Lil' Man. Se emocionaba en decirles lo mucho que estaban mejorando, y de vez en cuando, el policía dejaba caer un brazo sobre el hombro de los muchachos, y con esfuerzo no me salían las lágrimas.

7

Recibí una llamada del dueño de un
Kentucky Fried Chicken en Beverly Hills. El
hermano mayor de Playboy había trabajado
para él, y ahora el propio Playboy lo habían
contratado. El dueño ocupaba varios
trabajadores y me preguntó por la escuela.
Era un señor libanés con un fuerte acento y
hacía muy buenas preguntas. Dijo que le
gustaría contratar a mis alumnos para darles
experiencia, pero con una condición.
Primero contrataría a Playboy, ya que parecía

un líder natural, y Playboy sería responsable de sus amigos. Si dinero desaparecía de la caja, o un trabajador no se presentaba, iba a salir del bolsillo de Playboy.

—Soy un hombre de negocios, un realista —me dijo. —Un niño que está acostumbrado a los problemas no se convierte en un ángel de la noche a la mañana. Trabajaré con ellos y tendrán segundas oportunidades, pero le costará a este muchacho, el Playboy, cualquier daño que me hacen.

Playboy estuvo de acuerdo y llevó a Casper por la primera entrevista. El dueño lo contrató. A finales de mes, varios pandilleros estaban friendo pollo, trabajando en la caja de cobro, limpiando los baños y preguntando cortésmente si preferían puré de papa o ensalada.

El último contratado fue Happy. Era su primer trabajo, y el día de la entrevista se sentó en clase aterrorizado toda la mañana. Y congelado de miedo se presentó el primer día de trabajo. Pero lo pudo superar.

En febrero, Happy renunció. Un día llegó a clase y dijo que eran demasiadas horas de trabajo y que tenía que concentrarse más en su educación. Era un muchacho corpulento, con un bigote fino que le hacía parecer un pescador griego. Tenía una inocencia que no se correspondía con su tamaño, y cuando se ponía borracho, le daba vueltas a todo el barrio en su bicicleta a alta velocidad. —Me siento "free" —me decía.

Mi corazón se conmovió al escucharlo en el salón proclamando que la educación era prioridad sobre ganar dinero.

Casper también trabajaba muchas horas. El a veces cerraba durante la semana y llegaba a casa a la una o dos de la madrugada. Comenzó a faltar a la escuela, pero era obvio que el dinero lo estaba ayudando a él y a su familia.

Pero ya había estado tan contento con su trabajo escolar que lo amenacé: le dije que tenía que llegar a tiempo a la escuela o quedarse en casa. Fue estúpido de mi parte. Habíamos desarrollado una admiración mutua, pero ahora él se puso terco porque yo me puse terco.

Optó por el trabajo y decidió dejar la escuela. Pero a veces se presentaba, diciendo que nuestra escuela era fácil y para tontos. El muchacho estaba sentido.

No sé por qué no pude reconocer que el joven necesitaba trabajar y permitirlo llegar tarde. Le podría haber asignado tareas extra para hacer a casa o por lo menos un crédito parcial por las horas que podía asistir. En lugar le quite las opciones.

El propósito de la escuela es la crianza de jóvenes productivos, que saben resolver y cuando necesario, sacrificar de una prioridad para avanzar otra. Se me olvidó de que la escuela no era un fin en sí misma, ni sus faltas no eran una traición personal.

Afortunadamente, el me ofreció a mí una segunda oportunidad.

8

Casper comenzó la escuela como la mayoría de sus compañeros: analfabeto, listo para pelear y amargo con la autoridad. Para enseñarle, tuve que presentar el mundo en pedacitos simples. Con paciencia y repetición, Casper empezó a desarrollar habilidades. Se notó en su asistencia, su creciente entrega y su entusiasmo por tomar exámenes.

Ayudaba que no había "niños buenos" con los que competir en El Santo Niño. No importaba que lo que estudiábamos se hubiera aprendido en la escuela primaria. La materia era simple y divertida, y si te esforzabas, eras recompensado con buenas notas, certificados, dulces y premios.

Sharky luchaba con el alfabeto, y su lectura a voz alta se escuchaba algo así: El... ca... caballo... de ... ¿Qué es esta palabra?"

—Sharon. Es un nombre.

—No entiendo esta historia. No tiene sentido.

Lil Man leía hasta peor que Sharky. Conocía nomas la primera mitad del alfabeto. No tenía idea de cómo juntar una vocal y una consonante para formar una sílaba. Lil'Man hablaba poco y nunca miraba a nadie directamente. Se ponía una gorra azul ajustada sobre sus rizos para ocultar sus ojos. Era nuevo en nuestro barrio, pero ya el director de la escuela pública lo había expulsado. Se suponía que debía tomar un autobús a la escuela de los expulsados. Su abuelo estaba seguro de que no iría y en lugar lo inscribió con nosotros, diciendo: —aqui dónde van los chicos mexicanos que causan problemas.

Lil'Man nunca dijo nada sobre su afiliación previa a una pandilla, pero la gorra azul significaba a todos que había estado aliado con los Crips, una pandilla afroamericana. Donde vivíamos, la calle Dieciocho era la pandilla monstruosa a la que había que temer y evitar. Los Bloods y Crips eran famosos, pero de poca importancia para nosotros.

Nietzsche dijo: "Nada es tan caro como un comienzo".

Los inicios son lentos. Me senté con Lil Man y Sharky después de la escuela y les dije: —Ustedes no saben leer, y eso no es su culpa. Nadie se ha tomado el tiempo de enseñarles. Yo si les voy a enseñar. Puede tomar todo el año, no importa. Para obtener una nota de 'A', su trabajo es aprender a leer. Todos tienen una meta en esta sala, y leer es la de ustedes. Si no aprenden, es porque yo no sé mi trabajo.

Escribí hojas con combinaciones fonéticas simples de vocales y consonantes. La primera hoja comenzaba con las sílabas "co, co, la, la, da, da, ba, ba, be, be"

Puse la primera hoja frente a ellos y les dije: —Síganme.

Después de unos minutos, coloqué un libro simple frente a ellos y leímos juntos con calma y en voz baja, tratando de evitar la vergüenza.

Pronto se hizo rutina. Leían en voz alta dos veces al día y siempre con alguien escuchando.

Yogi me ayudaba con li'l Man y Sharky. Tenía diecinueve años y vivía detrás de la escuela. Él abandonó la escuela a los catorce y ahora quería repasar lo básico, tal vez obtener un diploma y ver que más podría ser posible. Era un chavo amable, corpulento y muy parecido a "Yogi the Bear", el oso famoso. A toda la gente le caía bien. Se sentaba con Sharky y Lil' Man para escucharlos leer.

Al rato, Lo mismo hacían Sad Eyes y Lala, y a veces Droopy o Smiley, ya que se estaba volviendo normal escuchar las dos voces luchando en el fondo. A veces los estudiantes cansados o aburridos preguntaban si podían escuchar a Sharky o Lil' Man por un tiempo.

Fue en enero, cinco meses después de nuestro primer día de clases, que ocurrió lo siguiente:

La clase dibujaba los órganos del cuerpo. Spanky y Casper estaban con profesor Juan Esqueda haciendo coincidir países con fotos de *National Geographic.* Sharky estaba leyendo un cuento sobre cómo los esclavos fueron transportados a través del Atlántico.

Él estaba sentado a mi lado, concentrado en su libro ilustrado, y le oí soltar una oración perfecta:

"Estaban enfermos y agotados. Muchos de los esclavizados murieron en los barcos."

Se detuvo y me miró sorprendido.

—Ya no leo todo lento y parado, ¿eh Homes?

—No, ya no lo haces. Lo has superado, Sharky.

Lil Man nunca dio una declaración como Sharky. Pero a medida que ganaba habilidad, tambien levantaba su gorra azul para poder vernos de ojo al conversar.

Hay niños en pandillas delincuentes que ejercen violencia contra los demás y contra sí mismos, y hay quienes la temen. Estos muchachos son como sombras en la pandilla.

Smiley tenía sueños y metas. Era curioso y amable. Le inquietaba que otros pandilleros fueran "destructivos". Recuerdo con cariño que hizo un banco con cajas de madera para que nos sentáramos mientras esperaba el autobús después de la escuela. Lo escondía detrás de un árbol y lo sacaba cuando me acompañaba a la parada del autobús al final del día.

Una tarde, tuve que llevar a su perro al veterinario. Smiley le había pedido a un vecino que le cortara las orejas de su cachorrito callejero para que pareciera un dóberman. Pero cuando llegué allí, el perro estaba descuartizado y desangrándose.

—Quiero salvarle la vida —me dijo. Nos dirigimos al veterinario, que puso al perro a dormir. El veterinario me dijo: —Veo muchas de estas cosas, y son horribles. Pero si fuera a la judicial o me metiera en cada caso, no tendría tiempo para mantener mi negocio. ¿Sabes a lo que me refiero?

Yo estaba enojado por el perro, y él me estaba haciendo saber que no íbamos a pedir justicia.

Smiley estaba lleno de remordimientos.

—No lo sabía, Homie. Solo quería que se viera duro. No sabía. El hombre me dijo que sabía cortar orejas. Jodio a mi perro.

Smiley tenía dos hermanos en la universidad, un tercero que tocaba en una banda, y dos padres trabajadores y decentes. Eran dueños de una casa que había sido cuidadosamente mantenida. Sin embargo, nadie, ni en la escuela ni en casa, se había dado cuenta de que, aunque podía leer, Smiley carecía por completo de educación. Conocía nada del mundo e incapaz de hacer ni un dos por tres.

Smiley no reconocía ningún dato histórico ni el nombre del planeta que habitaba. En sus nueve años de escuela, Smiley había aprendido a ocultar sus fallas y manejar las impresiones con mucha amabilidad. Del currículo poco retuvo o comprendía. Adelantaba año tras año por la piedad de sus maestros.

Cuando Smiley comenzó el año en El Santo Niño, podía leer a nivel de quinto grado, lo cual, a excepción de Playboy y Pirate, era excepcional en este grupo de delincuentes. Para Smiley, alfabetismo no era problema. Su déficit era el tipo de pensar necesario para las matemáticas. A los catorce años todavia ocupaba usar sus dedos para contar. Y este déficit afectaba otras áreas de aprendizaje.

Aparentemente, su incapacidad para mantener los números en la mente y comprender un concepto como la multiplicación también obstaculizó sus esfuerzos por relacionar otros tipos de información. Conocía el mundo en pedazos, pero no se unían en un todo que tuviera sentido. Conocía que vivía en un planeta. Pero no sabía que la Tierra era el planeta en el que vivía. Smiley tenía dificultades para juntar dos y dos, ya sea que se tratara de números u otras cadenas de información.

Decidí enforcar en el núcleo y ver si un cambio básico ayudaba con todo. Trabajamos en sumas y restas durante meses. La rutina diaria comenzaba con la imagen de pájaros, —Smiley, cierra los ojos e imagina cinco palomas.

—¿Dónde están?

—En un cable telefónico —le dije—. Haz que una paloma vuele lejos. ¿Te imaginas los que todavía están en el alambre? ¿Cuántos son?

Guiar sus procesos de pensamiento de esta manera de a poco desarrolló la habilidad de mantener imágenes o ideas constantes mientras las manipulaba, fueran números o datos o pájaros. Con tiempo empezó a comprender fracciones e ideas complicadas de ciencias y de la historia.

Curiosamente, esta facilidad lo llevó a un interés por la política. Se convirtió en el miembro más vocal del grupo que llevamos a la Alcaldía para conferencias. Smiley se molestó cada vez más por las hipocresías y contradicciones en este mundo que antes no lo comprendía.

9

Nuestro presupuesto dejaba poco para libros, y me puse a conseguirlos gratis. Tenían que estar en varios niveles de lectura, con muchas imágenes y tocando temas de todo. En eso recibimos un regalo de una escuela privada de mujeres.

Me lleve a Sharky para el viaje a la Academia del Sagrado Corazón para Niñas La Cañada-Flintridge. Era una elite preparatoria internada con muchachas de todo el mundo. Mi hermano ayudaba con las producciones teatrales y él me consiguió la ayuda. La directora me invito a escoger de libros en su almacén y llevarme cuantos quisiera.

Al llegar, una estudiante asiática alta, hermosa y amable nos ayudó con nuestra tarea. Atenta y segura en sí misma, era obviamente hija de padres ricos. Causó una gran impresión.

Sharky se había vestido de camiseta blanca sobre tamaño, Converse negros, y pantalones caqui grises, planchados y anchos. Se puso a cargar las cajas de libros detrás de la señorita, exagerando su estilo gracioso de caminar, y pareciendo como marioneta detrás de ella.

Duramos medio día en el liceo exclusivo. Al terminar, ambos estábamos cansados. Bajamos la montaña callados y tranquilos. Sharky me parecía pensativo, y le pregunté qué contemplaba.

—Me gustaría tener una novia así, como la Chinita. Limpia y, tú sabes, agradable.

Ambos traíamos esa meditación.

—No lo sé, Sharky. Es posible que tengas que cambiar algunas cosas por una chica así.

—Lo sé, Homes. Es como mi amigo Tomás. En su casa tiene todo tipo de trofeo. Son de él y de su padre. Tienen de béisbol y fútbol americano y otros que ni se.

Sharky miraba al frente mientras hablaba, observando las hermosas casas, una tras otra, mientras descendíamos lento por la angosta culebra de carretera.

—Y piensas que eso es importante.

—Chicas como la Chinita, Homes, ellas quieren un chico con trofeos.

No lo discutí. Tenía razón.

La Sociedad Optimista de Oratoria patrocinaba una competencia que llegaba hasta nivel nacional. Yo participé de joven y fue una experiencia estresante pero formativa. Llamé al dueño de la panadería quien había sido mi patrocinador. Le pregunté si podía inscribir y ayudar a un par de mis estudiantes. Una vez que le expliqué el propósito de nuestra escuela, se emocionó.

Convencí a Playboy y Lala que compitieran en las divisiones masculina y femenina. Ambos eran arrogantes y verbales.

Trabajamos y reelaboramos sus discursos durante semanas, usando un cronometro para asegurar que no pasaban de tiempo. El día del concurso, me puse un traje y me dirigí a la escuela. Lala se presentó en un vestido elegante negro y acompañada por Sad Eyes, quien venia para apoyar a sus dos amigos.

Llego la hora de viajar al sitio de la competencia. Las muchachas ya estaban esperando en el coche cuando Playboy se presentó, alterado y con mucho drama.

Estaba bien vestido en traje nuevo y de medida, pero anunciando que ya no podía competir. Me dijo con grandes gestos que supo de una pelea de pandillas esa noche y que por nada podía abandonar los muchachos de Clanton y Primera Flats.

Obvio que era un cuento inventado. No iba pasar una pelea entre pandillas esa noche. Esas cosas se sabían por todo el barrio y ni Lala o Sad Eyes habían escuchado de un gran pleito. Playboy estaba nervioso y asustado, como seria normal.

Le dije que por favor dejara las tonterías y se enfocara a lo que vino. Dudo que mi sermón hubiera tenido efecto, sino que Lala salió del conche, elegante y seria, se arrimó a Playboy y le dio una mirada de reto. Y sin más discutir el muchacho se calmó y nos pusimos en camino.

Llegamos a el auditorio de un hotel prestigioso. Iban a competir los mejores de las escuelas públicas y privadas: los presidentes estudiantiles y tipos que siempre primero en todo. Los jueces bien entendían nuestra situación, que mis competidores eran chicos de barrio marginal, y de una escuela de malandros y delincuentes. Un mundo muy aparte a los demás.

Estábamos agendados al fin de la lista, y eso dio el problema de escuchar a todos los demás, jóvenes seguros con presentaciónes profesionales. Estábamos muy fuera de nuestro ambiente.

Los hombres concursaron primero, hasta llegar el turno de Playboy. Sad Eyes, que veía la situación como estaba, agarro la mano de su amigo y le susurró: —Estarás bien. Eres Playboy de Barrio Clanton.

Los jueces lo anunciaron con voces de mucho apoyo, algo que me agradó. Playboy se subió al estrado. Empezó su discurso con los hombros rígidos y hablando demasiado rápido. Sus ojos quedaban aferrados a las notas que puso en el podio.

Pero a partir del punto medio se contuvo, se calmó y a propósito voltio al revés sus notas. Por fin vi su cara de combate. Improvisó un momento y dijo con voz fuerte: —disculpa, es mi primera vez. Soy miembro de una pandilla. —De allí el público se quedó cautivado.

Al terminar, regreso a su asiento, y le vi en sus ojos el shock de haber atravesado un campo minado. Yo me sentí a la vez aliviado y orgulloso.

En voz baja me pregunto, —¿Cómo fue? Crees la hice Homeboy?.

—Tienes buena oportunidad. Ninguno tuvo un discurso como el tuyo. Te los ganaste.

Nos tocaba todavía esperar. Lala fue la última de la división femenina y la última de la noche. Ella era una muchacha alta y amplia, persona formidable, y siempre segura de sí misma. Pero poco a poco, sobre noche larga, le habían entrado los nervios. Le toco seguir una niña afroamericana, delicada, recatada pero muy segura, y que pronunció un discurso pulido y bien coreografiado. Era la presidente estudiantil de Bethune High School, y una oradora cómoda en estos entornos.

Lala no era una niña delicada, e incluso en un vestido daba expresión dura y un gran contraste con la niña de Bethune. Me apretó la mano antes de subir del asiento.

—Deséame suerte, Arturo. Odio sentir miedo.

Le ayudo a ver visto como Playboy empezó frágil antes de enderezar. Ella no iba pasar por eso. Dejo las notas en el asiento y del primer momento hablo directamente a los jueces. Su discurso fue impactante.

Caminó hacia atrás con la barbilla levantada y un paso seguro.

El límite para los discursos era de cinco minutos. Tanto Lala como Playboy se pasaron por diez o quince segundos, y eso les costó puntos. Contra rivales tan bien preparados, un lapso así les eliminó la posibilidad de alcanzar el primer puesto.

Sin embargo, el maestro de ceremonias anunció con entusiasmo que Playboy y Lala habían quedado en segundo lugar en sus respectivas divisiones. Recibieron un prolongado aplauso mientras recogían sus trofeos.

Después del evento, uno de los jueces se acercó a nosotros y confirmó que ambos habían estado a tiro del primer lugar. Le dije al juez que esto era culpa mía, lo cual era cierto, por haber cronometrado sus discursos demasiado cerca del límite. El juez respondió que habían dado discursos a la par de los mejores estudiantes de la ciudad y que debían seguir compitiendo.

En ese momento, me arrepentí de no haber hecho un esfuerzo más fuerte para invitar a los padres. Tenía miedo de que, con la familia en el público, los nervios se apoderaran de ellos.

Lala y Playboy recogieron sus trofeos y certificados y salimos a una tarde hermosa, uno de esas noches frescas y fragantes común a Los Ángeles.

Playboy dijo al grupo, —Vayamos a un buen lugar para cenar, un buen lugar. ¿Qué te parece, Arturo?

—Si todo el mundo quiere, bien.

—Yo pago por todos, ofreció Playboy.

—¿Qué tal si tú y yo dividimos, mitad y mitad? Brindamos juntos.

—Me funciona, Homeboy.

Los cuatro fuimos a un restaurante en Pasadena y disfrutamos de una cena genial y con buena conversación. Regresamos a casa sintiéndonos fuertes y realizados.

10

Había recuperado mi Chevy Van, despojada, pero caminaba. Los chicos me ayudaron a poner un poco de alfombra en el piso donde se iban a sentar. Después de unos retoques, estaba lista para servir en los días en que necesitábamos un descanso y cambio de vista. Armábamos sándwiches con lo donado que teníamos en la cocina, nos amontonábamos en tres camionetas y hacíamos viajes a museos, al cine o para explorar un lugar interesante.

Visitamos lugares que hacían palpables lo que averiguamos en clase. Como estuvimos cubriendo la historia de religiones, me puse en contacto con monasterios budistas, sinagogas judías e iglesias ortodoxas para hacer un itinerario.

El día de la salida, Pirate estaba de un humor horrible. Sabia fastidiar, así que no iba a presionarlo. Era inteligente, expresivo y con habilidades. Pirate podría haberse desempeñado sin problema en una escuela pública, excepto que solía estar enojado, dormido o drogado. Sus padres estaban activos en la comunidad, y la policía les sugirió traerlo con nosotros.

Sus padres me advirtieron que sería terco. Las primeras semanas, venía a clase y se quedaba dormido en los bancos a lo largo de las paredes. De vez en cuando tomaba parte en una discusión, levantando la cabeza y averiguaba un punto. Y a veces sus ronquidos ponían a los alumnos a reír. Le permitimos su rebeldía, ya que regañar, empujar o exigir había frustrado a todos que intentaron cambiar su comportamiento.

Uno pensaría que permitir que Pirate se saliera con la suya, y en modo tan exagerado, iba encender una rebelión en el salón. Y sí, de vez en cuando trataban de imitarlo y dormir contra la pared. Pero rápido regresaban a sus asientos. Los niños son intuitivos: ellos presentían que Pirate tenía una deficiencia y por eso se le aguantaba lo ridículo. Además, lo conocían como amigo desde la niñez, y querían creer que no era caso perdido.

Pirata continuó con su rutina durante varias semanas y como se ignoraba, se empezó aburrir. Poco a poco dormía menos y participaba más en el día escolar. A finales de año, casi nos habíamos olvidado de que Pirate paso meses durmiendo contra la pared.

Pero hoy, Pirate estaba en un estado insoportable, y no le iba a rogar que viniera a la excursión.

Sharky dejaba su grafiti donde quiera, incluida mi camioneta si no lo vigilaba. En la UCLA, el grafiti que dibujó en el estacionamiento nos costó cincuenta dólares de multa. Siempre se disculpaba, pero la prevención cumplía más que un regaño. Le pedí vaciar los bolsillos antes de entrar a mi van. —Discúlpame, Homes, —me dijo. —Es que mi mano quiere dejar el nombre del barrio en todo lado.

Nuestra primera parada fue la Catedral de Santa Sofía, una hermosa iglesia ortodoxa griega, con una enorme cúpula desde la que María miraba, rodeada por cielo bizantino. Les impresionó como el mural más grande que jamás habían contemplado. Los niños eran lo suficientemente reverentes y el sacerdote de barba larga les dejo una imagen a la que podían adjuntar la idea "griego ortodoxo".

En una pequeña sinagoga en el distrito de Fairfax, un rabino discutió el Holocausto, acompañado por un grupo de hombres de sombreros altos, abrigos largos y barbas largas.

Después, almorzamos en Canters Deli, el famoso restaurante Judea en Hollywood. Pedí lo menos costoso del menú para todos, una sopa que contenía una bola grande de matzá.

Los estudiantes tenían la misma pregunta sobre la charla con el rabino: —¿Por qué todos esos tipos se vestían como Abraham Lincoln?

Realmente no tenía idea, pero fue divertido verlo y no se iba olvidar. La sopa nos llenó, a pesar de que cada tazón tenía solo una albóndiga grande.

Para la experiencia budista, visitamos una casa de dos pisos en East Hollywood que sirvió como monasterio. Ben, un budista americano, nos recibió en el estacionamiento y nos dijo que el monje se reuniría con nosotros en la sala de meditación. En el gran atrio que era el segundo piso, nos sentamos en colchonetas en círculo, con espaldas apoyadas en la pared.

—¿Crees que Homeboy va a hacer kung fu? —se preguntó Casper en voz alta.

Tratando de ponerse cómodo con este grupo, Ben preguntó: —¿Todos ustedes vienen de la misma escuela?

—Sí —dijo Joker—, De la *Gangster* High School.

—Ten respeto, tonto, —respondió Casper, antes de volverse hacia Ben y decir: —Disculpa, él no sabe cómo actuar.

Estaban acostumbrados a hablar entre ellos de esa manera, y ninguno se molestó.

Ben continuó, ignorándolos: —El Maestro Shi es un monje budista. ¿Tienen ideas sobre lo que podría ser un budista?

—Es como de China, —dijo Sad Eyes.

—Ellos creen en la reencarnación, o algo así, Homey, —agregó Sparky.

—Como cuando vuelves como animales porque eres malo, —dijo Goofy, —y le rezas al gordo Buda.

Ben sonrió, satisfecho con las respuestas. —Todo eso es correcto. Parece que has estado estudiando.

Me sentí bastante bien.

Un monje apareció con una túnica negra y algo parecido a un rosario alrededor de su cuello. Era coreano, bajito, probablemente de unos sesenta años, con la cabeza liza como manzana. Caminaba con un bastón. Hizo una reverencia a los niños, algunos de los cuales respondieron con inclinar sus cabezas.

Ben lo presentó: —Este es el Maestro Jin. El dirige este monasterio.

Playboy dijo algo inmaduro, y el monje respondió: —Hablas de nuevo, sin permiso, y te rompo la espalda cuarenta veces.

El monje estaba consciente de la popularidad del programa Kung Fu, donde los monjes chinos poseían poderes de batalla mágicos. El maestro Jin estaba dispuesto a jugar con ese estereotipo. La amenaza fue suficiente para calmarlos. Me agrado su humor atrevido.

—El Maestro Jin puede ver un objeto que viene por detrás, —explicó Ben—. Reacciona en un momento porque siempre está en el presente.

El monje lo interrumpió y en voz fuerte, le dijo a la agrupación de cholitos:

—Les enseño budismo. ¿Qué es esto? —El maestro Jin golpeó dos veces el suelo con su bastón.

—Es el *piso*, —murmuró el grupo, sabiendo que algo estaba pasando.

—No, eso es un *nombre*. ¡Qué es *esto!* —y siguieron dos golpes agudos.

Playboy se metió con el monje. —Es madera.

—¡No! Ese es el *material* del que está hecho. ¡Qué es *ESTO!*

—Algo sobre que se camina! —respondió Playboy con más energía.

—No! Eso es su *función*. ¡Qué es *ESTO!* —Y Golpeó su bastón varias veces a un ritmo preciso mientras miraba fijamente al grupo.

—Es lo que creas que es, —respondió Lala.

Psycho, perdiendo su paciencia, se quejó diciendo: —Nadie sabe. Nomás dinos qué es.

—¡Es lo que *ES!* —respondió el monje.

—¿Es un sonido! —declararon varios estudiantes a la vez.

—¡No! —El Maestro Jin negó con la cabeza.

—Yo lo entiendo, —dijo Playboy, levantando su voz sobre el grupo—. *¡Nomas lo ES!*

El monje lo miró con ojos alegres. —¡Sí! ¡Ahora ya eres budista! ¡Serás feliz!

Dicho esto, el monje inclinó su cabeza a el grupo y se retiró.

11

Woody era un muchacho corpulento y musculoso, y de los más peleoneros en la pandilla. No asistió a la escuela durante las primeras semanas porque los "Harpys," malandros rivales, lo habían asaltado y dado por muerto. Pero sobrevivió la paliza, y cuando finalmente se presentó a clase, su brazo todavía estaba enyesado y sus mandíbulas estaban cerradas con alambre. Tenía que hablar entre dientes.

Este evento desencadenó una transformación. Estar cerca a la muerte, pasar operaciones dolorosas y cumplir dieciséis años encendió nuevos pensamientos. Y en la atmósfera pequeña y segura de nuestra escuelita, y con las mandíbulas selladas, por primera vez se puso a escuchar y reflexionar.

Al igual que la mayoría, Woody llegó a nuestra escuela apenas alfabetizado, incapaz de escribir excepto en un alborote de oraciones sin puntuación, y sin conocimiento del mundo en que vivía. Pero sin poder hablar o hacer bulla, se enfocó en los estudios. En pocas semanas se acostumbró a estructurar su escribir con lógica y en párrafos, algo que a otros estudiantes les estaba tomando meses.

—Tiene mas sentido cuando escribo de esta manera, —me lo dijo mostrando un ensayo con tres párrafos y con puntos al final de cada oración.

—No es fácil, Woody. Tienes talento para escribir.

Woody desarrolló curiosidad en saber del mundo, devorando los cuentos de otros países y culturas. A mediados de año, consiguió una novia hermosa, trabajadora y quien no tenía nada que a ver con las pandillas. Se le quitaron los aparatos ortopédicos de la mandíbula y decidió que quería volver a Jefferson High School, la publica normal del barrio. Dos semanas después, regresó y pidió volver a unirse a nuestra clase. Dijo que había demasiada delincuencia en la escuela grande del gobierno y fácil se iba a encontrar con problemas.

Organizamos un retiro religioso en las montañas al que asistió la mayoría de la pandilla, junto con los niños del grupo juvenil de San Vicente. Fue una retirada difícil, con muchos altibajos, y el sábado por la noche dos chicos de Clanton se pusieron locos rompiendo ventanas y volteando camas.

Temprano a la mañana siguiente, encontré a Woody barriendo el vidrio de los pisos. Había madrugado para poner las cosas en orden. Me dijo que su padre tenía un servicio de limpieza en el que ayudaba, y que sabía cómo limpiar rápidamente. Woody y los adultos tomaron un café y conversaron sobre los eventos mientras el resto de los campistas seguían durmiendo.

Woody estaba avergonzado por los hechos de su pandilla y nos dejó saber que no las entendía.

Para junio, su ropa había cambiado a una camisa planchada y pantalones caqui que parecían más de trabajador que de cholo. Salía con su novia, ayudaba más a su padre, y se había comprado un coche. De sus ahorros pagó un curso para sacarse un permiso de conducir.

Al final del año escolar, y la última vez que lo vi, me dijo:

—Te agradezco el retiro. Sé lo que estás tratando de hacer con nosotros. Siempre lo entendía. Yo solo sé una cosa, y es trabajar. Eso es todo lo que mi padre me enseñó, y eso es lo que sé.

Woody había llegado a un concepto de sí mismo en que ser malandro ya no cuadraba.

Un par de años más tarde, almorcé con Sharkey y me informó que Woody había hecho un negocio con su padre y se había casado con Lulu. Los dos estaban muy emocionados con un recién nacido.

12

Después de cerrar la escuela, por diez años perdí comunicación con la mayoría de los estudiantes, hasta que un reportero me preguntó si los podía encontrar. El reportero quería dejar saber en que acabaron los chicos de El Santo Niño.

Revisamos viejas libretas de direcciones y localizamos a los padres que se habían quedado en el vecindario. Esto llevó a una conversación con la madre de Happy, quien me informó que habían tratado de encontrarme para su boda. Me dijo que me iba a sentir orgulloso al verlo.

Y si lo estuve. Los años transformaron a Happy en un hombre con hijos sanos, un buen matrimonio y un empleo estable. Happy se ofreció a organizar una pequeña reunión para el reportero. Entendí que parte de su motivación era mostrar su nueva casa, comprada en el barrio viejo y una gran fuente de satisfacción para él.

—¡Esta es mi casa!, —me dijo mientras se acariciaba el corazón con la mano. En el dormitorio había una computadora para sus dos hijos, y la niña llevaba un parche para corregir un ojo vago que impedía su capacidad de lectura. Ambos niños estaban en una escuela privada.

—Estaban con problemas, —me dijo. —atrasándose, siempre con dolores de estómago. Escuché que una escuela católica sería mejor. ¿Qué te parece?

Era un sentimiento común entre padres de clase media en barrios buenos. Pero en este momento, la llevaba a cabo con un exdelincuente en el barrio de peligro más famoso de Los Ángeles.

La forma en que Happy llegó allí implicó duros golpes y muchas fallas. Al fin pasó por Alcohólicos Anónimos y guardó su sobriedad. Su esposa permaneció con él durante las caídas.

Sacó para demostrarme unas tareas que yo le di cuando era mi estudiante y me recordó que le obligué a leer el periódico.

—Ahora leo el periódico todos los días, Arturo. Te puedo hablar de las guerras, de la política, de todo entiendo.

De niño y adolescente era distraído y con problemas de aprendizaje. Como adulto, Happy mostraba inteligencia, sabiduría, humor y un ingenio rápido que me mantuvo atento.

Happy nunca rechazo a la pandilla. Para él, ellos y la afiliación que compartían eran recuerdos de juventud y amistades de toda la vida. La mayoría de ellos seguían viviendo en el barrio.

Muchos de sus compañeros en la delincuencia ahora eran los padrinos de bautizo. Juntos salían a acampar con sus familias. A la misma, Happy sentía mucha tristeza por los amigos caídos en adicciones o encarcelamientos. Los que quedaban vivos ya habían enterrado a muchos que no.

Como adulto, Happy me hubiera considerado loco por suponer que el participaría en un acto criminal o sería padre irresponsable. El pensaba que la generación actual era peor, y sermoneaba a los cholitos y malandros jóvenes, olvidando la gravedad de sus propias desventuras. Con mucho esfuerzo, él había superado esas tendencias.

Otros de El Santo Niño también lograron encontrar una vida digna. Playboy se convirtió en soldado y llego a capitán. Smiley criaba British Tumblers, una excelente raza de pájaros, que vendía y colocaba en concursos. Sad Girl, Lala y Shy Girl terminaron la escuela y alcanzaron diferentes niveles de educación superior. Joker se casó, tuvo buenos hijos y un trabajo que disfrutaba. Él y Happy juntaban sus hijos para días de campo en las montañas. Yogi todavía trabajaba en autos y tenía una familia. Sleepy y Psycho se mudaron lejos del vecindario y dejaron atrás a delincuencia.

Otros lucharon sin éxito.

Sharky, después de completar un curso de contabilidad, no encontró trabajo fijo. La muerte de sus hermanos mayores resultó difícil de superar. Intentó ser un buen padre para sus hijos y a menudo tuvo que mendigar, pedir prestado y vender drogas para sobrevivir.

Casper lo mataron. Acababa de salir de la cárcel y mientras caminaba hacia la casa de

Happy a ver una pelea de boxeo, se topó con unos jóvenes pandilleros de otro vecindario. Lo mataron a tiros. La madre de Happy compartió conmigo que ese mismo día, Casper había estado en su casa diciendo: —Me alegro mucho por Happy. Esta vez voy a recomponer mi vida como él lo hizo.

Popeye y Pirate lucharon contra las adicciones. Todavía los dos vivían en casa, siempre al bordo de tocar fondo.

Goofy también estaba muerto.

Droopy mató a alguien y pasará su vida encarcelada.

La noticia de Droopy especialmente me dio tristeza. Todavía me lo imaginaba aprendiendo a bailar el vals para una quinceañera.

Puedo escuchar el sermón que le di por llevarse mi coche un día sin permiso. Recuerdo su voz triste diciendo: —*Soy un chico malo*, —en un lento estupor, mientras la hermana Natalia intentaba limpiar su rostro cubierto de pintura. Recuerdo que me sorprendió que sabia abrir un control remoto, sacar los transistores, soldar otros nuevos y hacer que funcionara. Ahora sé que un poco de Ritalin para su hiperactividad, una escuela especial, una terapia para el manejo de la ira, él estaría fuera de cárcel, y alguien a quien dañó estaría vivo.

Escribo este recuerdo en 2025 y la delincuencia ha disminuido en todo el país. Las pandillas ya no son un problema importante, pero siempre van a ver niños fracasados o marginados. Para los niños de El Santo Niño, sé lo que decidió sus destinos: el ingenio paciente de sus padres, las escuelas que los apoyaron o rechazaron, y la disponibilidad de personas que entendieron cómo tratar sus problemas y adicciones. Cosas al mismo tiempo simples y escurridizas.

Por un tiempo breve, El Santo Niño proporcionó la pista critica de apoyo. Los que tuvieron la fortuna de encontrar otras guías para sostener su desarrollo están vivos, sobrios y disfrutando del día. Para aquellos que no lo hicieron, el crecimiento fue atrofiado y nunca pudieron sostenerse como adultos. Se quedaron en la periferia de la sociedad, con vidas cortas y brutales.

Como me dijo Happy cuando le pregunte como le transformo su vida:

—Yo debería estar muerto. Seguí fallando. Muchas caídas. Pero mis padres, mi esposa, los que me querían, no se dieron por vencidos conmigo. Me la pusieron dura, pero nunca se dieron por vencidos conmigo.

TERRENOS INDIGENOS

Educación de delincuentes en la tribu

"Tough Day at School"
Painting by Mariah Yager

13

Con nuestras vidas cambiadas, tanto mis alumnos como yo, cada uno siguió por su camino. Por un tiempo fui seminarista, y durante, escribí un pequeño libro con el cuento de los cholitos de El Santo Niño.

La empresa que me publicó también era pequeña y sin fondos para publicidad, pero corrió la voz y el cuento se fue conociendo. Y así fue como una mañana recibí una llamada de Steve Saffron.

Yo no lo conocía, pero él me dijo que trabajaba como especialista en el uso de la risa para curar el espíritu, y que una terapeuta en Santa Barbara, California había leído sobre mi trabajo y se comunicó con él. La terapeuta le dijo a Steve que ella presentía que él y yo tendríamos un proyecto.

Hablamos un poco por teléfono y Steve me dijo: —Ven y quédate conmigo unos días. No se todavia porqué, pero Dios nos ha puesto en el mismo camino.

Yo tenía una perrita anciana, un pastor alemán, y juntos viajamos de Los Ángeles hasta Phoenix. Nos quedamos varios días en la casa de Steve.

Inmediato vi que él era un hombre sabio, enérgico, y demasiado divertido. Hacia reír a todo el mundo. El primer día, me dijo: —Quiero que me acompañes a la reserva de los Indios Pima-Maricopa. Hago muchos talleres de humor con su gente. Han sido familia para mí desde que me vine de

Ohio después de la guerra. Tienes que conocerlos.

Pasamos el resto de la semana haciendo amigos en la reserva, hablando con la gente en sus casas, conociendo a los ancianos y líderes de la tribu.

En esos días no había una escuela en esta reserva: los estudiantes se transportaban en autobús a la cuidad de Mesa, donde la mayoría se sentía marginados y abandonaban el estudio.

Y era un momento crítico. El problema de las pandillas y delincuencia había brincado de la cuidad a la reserva. La delincuencia había llevado a la muerte, cárcel y calle a muchos niños pima-maricopa.

Me invitaron a dar charlas sobre la delincuencia y después de una, el presidente Ivan Malik me dio una oferta: —Ayúdanos a formar un currículo y una escuela usando nuestra cultura Indígena. No queremos una escuela americana traslada a una reserva

Indígena. Ayúdanos a formar maestros y directores indios, y luego te irás.

La invitación fue el privilegio de mi vida.

Pero primero, necesitábamos que la comunidad aceptara la visión del presidente. La gente de la tribu estaba cansada de las promesas y soluciones de profesionales ignorantes de la vida e historia indígena. Tenían hambre de hacer las cosas de una manera que tuviera sentido para una cultura tribal.

Si yo no quería ser otro ignorante, necesitaba escuchar lo que anhelaban.

Me explicó algo clave un policía Pima:

—Los Indios no podemos escapar de nuestros hijos como ustedes. Cuando un niño en la cuidad comete un crimen, desaparece a una cárcel lejana y la comunidad se olvida de él. No pertenece a nadie más que a su madre. Pero los niños indios cuando cometen un crimen viven encarcelados en ese pequeño edificio, a vista de todos. No hay olvido, nos pertenecen a todos. Y cuando salen, regresan a nosotros, a vivir siempre en la reserva. Una tribu no puede sostener que un niño sea carga permanente a su familia y comunidad. Necesitamos creer que todos los niños se pueden salvar.

Y por eso, los lideres me dijeron que estaban dispuestos a la creatividad, y hacer lo que nunca se iba poder afuera de una reserva indígena.

Después de meses planeando, se hizo una reunión para explicar la visión de una escuela con cultura indígena y la meta de educar y salvar a todos.

Los líderes tribales respondieron a preguntas de la comunidad, y todo estaba saliendo bien. Estábamos a punto de terminar la presentación y repartir los platos de frijoles y la torta indígena "popover", cuando un adolescente alto de ceño amenazante levantó la mano. Estaba con un grupo de delincuentes indios que habían estado dos horas parados contra la pared, sin decir nada.

Este muchacho era conocido por la comunidad y considerado un líder de su grupo malandro. Cuando se le dio el permiso que hablara, el muchacho dijo:

—Esta fue una bonita reunión para ustedes. Todo el mundo está emocionado. Pero todos ustedes saben que esto no se va a llevar a cabo. Esto solo funciona si nosotros, los pandilleros y delincuentes, como ustedes nos dicen, queremos que funcione. Y ustedes saben que no lo queremos y que no nos pueden obligar. Esta reunión fue otra pérdida de tiempo.

Lo que dijo el muchacho importaba. Este joven era el mero problema que se intentaba resolver. La sala se congeló, con todos quietos. Se salvó el momento cuando respondió uno de los ancianos respetados por todos.

El Sr. Largo se levantó de un asiento en la parte delantera de la sala y se dio la vuelta para mirar al joven.

—Mario —dijo el anciano. —Eres un adolescente y como todo adolescente tu trabajo es hacernos la vida difícil. Y lo has hecho. Pero nosotros somos adultos, y *nuestro trabajo es criarte*. Y hijo, créeme, no ocupamos ni vamos a pedir tu permiso para hacerlo. No te tiene que gustar lo que te vamos a pedir. Pero te aseguro que lo vas a cumplir.

Esas fueron las últimas palabras oficiales de la reunión. Se ofreció una bendición y todos fueron por un plato de comida.

El anciano inmediato fue a seguir conversando con Mario, el pandillero del afrontamiento. Con la mano me llamó y cuando me reuní con él y Mario, me pidió que por favor llevara a Mario y a su hermano a casa. Tenían muchos rivales y de noche sería un peligro que se fueran caminando.

En el auto me preguntaron los hermanos sobre las pandillas de Los Ángeles. Yo les pregunté sobre las muchas muertes entre muchachos en la reserva. Mario me dijo algo que tomé como un consejo:

—Mi vida va a ser corta, y eso no importa. Yo sé que a nadie le importa la muerte de un indio. Toda la gente en mi vida siempre me ha tenido miedo. Incluso cuando era pequeño. El señor Largo no me tiene miedo. Me gustaría que todos los adultos fueran como él, pero siempre se ponen a correr, siempre se rinden.

14

Me invitaron a un Pow-wow, una fiesta indígena para jóvenes de la tribu. Había estado en progreso todo el día, y se estaba acercando la hora de los últimos bailes que se hacían en fila mientras la comunidad formaba un círculo alrededor de los bailantes.

Steve Saffron estaba conmigo y señaló algo importante.

—Arturo, mira a ese hombre en la fila. Él es el jefe de la policía.

El jefe de policías estaba bailando en una procesión con varios adolescentes que, a estas alturas, yo reconocí como los jóvenes más desafiantes de la reserva, y miembros de pandillas delincuentes. El policía había enlazado los brazos con dos malandros, y circulaban al son de tambores y canciones mientras todos mirábamos.

Al final del Pow-wow, el jefe de policías se paró con el presidente de la celebración y dio la siguiente bendición:

—Oramos por nuestros hijos, los que estan con nosotros y los que duermen esta noche tras las rejas. A Ellos también los amamos.

Era difícil imaginar a un jefe de policías en ninguna otra parte compartiendo una bendición a los jóvenes condenados y en las cárceles. Pero los niños problemáticos de la reserva seguían siendo de la tribu, y se tenía que encontrar la manera de nutrir y transformar a los perdidos. Y esto iba a requerir el esfuerzo, y el amor, de todos.

15

Empezamos con edificios móviles y antiguos que se trasladaron a un rincón de la reserva. Por lo demás, la tribu permitió que los estudiantes construyeran su propia escuela.

Bajo la supervisión de albañiles que nos prestó la oficina de obras públicas, los estudiantes pintaron, excavaron formas, enterraron las líneas de agua para los aspersores, sembraron pastos y cavaron agujeros para veinte árboles.

Este era tierra caliente, y el calor de Arizona en verano era tal que los niños se quemaban en los toboganes, y los perros se les ponían zapatos para aguantar el pavimento. La escuela iba a requerir sombra sobre las mesas de almuerzo, y la mejor sombra provenía de los árboles. La gente de ese ambiente me dijo que el árbol indicado era el mesquite. Compramos veinte.

La familia de apellido "Manuel" eran de los clanes grandes de la reserva. Esa familia se dedicaba mucho a el esfuerzo por mantener la lengua pima y transmitir sus tradiciones. Alice Manuel me dijo que deberíamos invitar a la curandera de la tribu para bendecir a la escuela y a los estudiantes. Con un cepillado sagrado de salvia la curandera daría una bendición personal a cada alumno y maestro indígena.

Alice hizo los arreglos y trajo a la anciana curandera desde las tierras Pima que abordaban la frontera con México. Todos los estudiantes y los maestros quienes eran Pima, y dos quienes eran de las tribus Pueblo y Navajo, entraron para recibir sus bendiciones. Por tradición, nomás los nativos podían participar en estas ceremonias.

Todos los maestros que no eran de sangre indígena esperaron afuera del auditorio y supervisaban a los que iban saliendo. Yo me ocupé preparando los veinte árboles mesquite que nos habían entregado.

Cuando los maestros nativos salieron de la bendición, me dijeron que era la primera vez que veían tal disciplina entre adolescentes. Los jóvenes permanecieron de pie durante dos horas en un cálido auditorio, completamente callados bajo la luz de velas.

La curandera atendía a un estudiante tras otro. Le pidió a cada uno que dijera su nombre y lo que había en su corazón. Una asistente de maestros nos dijo que ella escucho a los niños confesar que temían por sus familias o por acabar en la cárcel o aprobar las clases. Expresaron arrepentimientos, la esperanza de que un padre diabético no fuera a morir o de que pudieran superar una adicción. Cada niño susurró su confesión, y después, la curandera los rozó con la salvia del desierto y los bendijo.

Cuando terminó y los niños se fueron a casa, yo seguía trabajando en el jardín. Era el aspecto más relajante de ser director. El campus estaba tranquilo, con algunos maestros trabajando en sus aulas. Vi a la curandera caminando hacia mí con su hijo. El hijo era jardinero de profesión, pero siempre acompañaba a su anciana madre a estas ceremonias.

Acababa de terminar de cavar y me preparaba para colocar el primero de los mezquites. Me puse de pie con las manos sucias para saludar. Me preguntó qué estaba planeando con los árboles.

—Sombra. Soy de California y no sé del desierto, pero todos me dijeron que plantara mezquites. Quiero que los niños coman afuera, bajo sombra, como en una escuela normal.

Miró las varillas de metal que había comprado para sostener los veinte arbolitos flacos y tiernos.

—¿Señor Arturo, usted ha oído hablar de los monzones y el haboob?

—Si, —le respondí a la curandera. —El año pasado me alcanzo un haboob mientras andaba en bicicleta. Ese viento llamero me tumba.

—Estás plantando en la temporada del monzón y el haboob. ¿No te lo han dicho?

—Lo sé, pero necesitamos árboles de sombra.

—Los monzones acabarán con tus árboles. Y un mezquite es más un arbusto que un árbol, ¿sabe usted eso, señor Arturo?

Le dije que había visto mezquites altos y de ramas anchas. Y ella respondió que yo no los había visto en este desierto. Aquí crecían doblados por los años aguantando vientos fuertes.

—Si quieres que el mezquite sea un árbol recto y de sombra, y piensas plantar en temporada de monzón, lo que usted hace no funcionará.

La curandera puso mano a el árbol joven y apenas enterrado.

—Así sobrevive, —me dijo mientras doblaba el árbol al piso. —Para quedar recto, necesita el apoyo de algo más fuerte que el viento.

La curandera me pidió volver al vivero con su hijo para comprar postes largos de madera fuerte y madura, un bulto de estacas, y mecate (soga) hecho de algodón cosechado en la reserva. Ella nos Esperaría.

Regresamos a la hora, con una madera costosa, y el mecate de algodón Pima. La curandera nos habló mientras empezamos el aseo.

—Ese poste largo es de un árbol maduro y fuerte. El mezquite es joven y crecerá rápidamente. Van a enterar el poste a cuatro pies de hondo. El mesquite se entierra a tres pies. Unen los dos con la soga de algodón, que es fuete, pero tambien se estira para dejar crecer. El arbolito se va a unir al poste que lo sostiene. Serán uno.

La madre del jardinero vigilo mientras juntamos un poste de ocho pies a el primer árbol.

Seguimos con clavar las estacas en el "caliche," la tierra dura y blanca de este valle.

—Las tormentas del monzón pueden venir de cualquier dirección, —dijo la señora. —Lo mismo con los vientos secos de un haboob. Levantan la tierra hasta el cielo, se llevan todo. Donde el árbol no tenga estaca, ahí caerá.

Con mucho martillazo pudimos enterrar estacas en un círculo alrededor del árbol y luego atarlas al poste que ahora acompañaba el árbol.

Cuando lo terminamos, había un árbol recto, firme y fuerte. Tiré en todas direcciones contra la tensión de las estacas y sentí con agrado la tenacidad rígida. Me sentía orgulloso de mi trabajo, de mi árbol. Se veía elegante y simétrico.

Este era un árbol bien plantado, resistente al monzón, que proporcionaría sombra a los alumnos y embellecería nuestro campus.

Le agradecí la ayuda a la señora y su hijo. Les ofrecí pagar. No aceptaron.

—Soy nuevo en el desierto, —les dije. —No pensé que mis arbolitos iban a volar con la primera tormenta loca. Mañana pongo los alumnos a instalar los árboles bien. De mi parte, le agradezco mucho la enseñanza.

—Señor Arturo, —contestó la curandera. —Hoy escuché a sus estudiantes. Fue difícil para mí. Están heridos, están cayendo en las drogas, algunos quieren morir, no creen en sí mismos. Sé lo que está en contra de ellos, y los ataca de toda dirección. No me detuve aquí para enseñarte como se crían los árboles.

16

El anciano Sr. Largo le había dicho a el muchacho perdido: —Nosotros somos adultos y nuestro trabajo es criarte.

Pero un joven podría anular ese intento con un solo acto de delincuencia. Estar encarcelado era un escape. Después de mucho discutir el liderazgo de la escuela y la tribu, decidieron algo único. Todo lo que se experimentaba en la escuela normal, tenía que tambien ser para los jóvenes encarcelados.

Los estudiantes encarcelados iban aprender a montar caballos, pintar, dibujar y tocar instrumentos musicales; iban a practicar manualidades, competirían por premios, y estudiarían su cultura.

El más polémico, fue el fútbol americano.

Solicitamos al consejo tribal y al jefe de policía que los jóvenes encarcelados se les permitiera jugar para el equipo football del liceo. El consejo tribal lo aprobó después de un debate. De ahí el jefe de policía se dedicó a la logística de entregar y recoger a los muchachos.

El vestuario del equipo era un contenedor metal de carga. Era sofocante en el calor del verano. El campo se había sembrado, nivelado y regado a mano por voluntarios. La empresa de Salt River Sand and Rock nos prestó luces portátiles que arrastramos por el campo y conectamos a generadores. Cada viernes por la noche toda la comunidad concurría con sillas plegables.

A los jóvenes que estaban hundidos en una identidad criminal o marginada, jugar frente a su comunidad dio oportunidad de verse de un modo positivo. El equipo daba una alternativa a la de una pandilla. El ser reconocido por un logro, ganar trofeos y ser héroes a vista de sus padres y el público, cumplía con un rito esencial para el desarrollo.

Para nuestro primer juego a casa – el famoso "homecoming game" de la cultura estadounidense, necesitábamos algo mejor que nuestra cancha improvisada. Pedimos ayuda a un colegio del estado que se había construido en la esquina de la reserva, recordándoles que pagaban nomas un dólar al año para arrendar tierras tribales. Se resistieron, diciendo que nuestros muchachos matarían el pasto de su cancha. Después de una dura reunión con mucho discutir, nuestra táctica final fue amenazar que, si no podíamos usar su estadio, al día siguiente y todos los días después, los estudiantes y profesores del colegio se les prohibiría usar las carreteras tribales. Los estudiantes que venían de la cuidad tendrían que caminar a través del desierto para llegar a clase.

Con eso el colegio se rindió. Y después de que vieron que no se dañó su sagrado pasto, la relación entre la tribu y este colegio se volvió más útil para ambos.

Para el juego de homecoming, invitamos a la escuela famosa de Sherman para que fuera nuestro rival. Era una escuela internada para jóvenes indígenas en California, con un equipo de fútbol americano de primer nivel. Los padres de Sherman nos dieron muchas gracias: la mayoría de ellos eran de la cercana reserva apache y nunca habían visto a sus hijos jugar en persona.

Por primera vez nuestro equipo iba competir en un estadio real, y con un equipo de categoría. Sherman se lo tomó con calma sabiendo que eran muy superiores a nuestro equipo de primer año. Y nos sorprendió descubrir que tenían mujeres en el equipo. En un momento dado, los chicos dijeron que miraron la línea defensiva de Sherman y se dieron cuenta de que había dos chicas mirándolos fijamente.

Jesse Tall Elk me dijo: —No sé de qué tribu son, pero me derribaron.

Perdimos, pero no por mucho. Mario, el pandillero que nos había amenazado en la primera reunión, estuvo a punto de atrapar el mejor lanzamiento del partido. Se le revolcó en los dedos cuando superó a la defensa de Sherman, y fue un momento emocionante del que se habló bastante. Tuvimos nuestra primera reina del baile y una noche de orgullo para todos.

El propio Jesse Tall Elk tumbado por las niñas de Sherman, apenas había cumplido su condena de cárcel y liberado esa misma semana. A la mañana siguiente del partido pidió volver a la detención. Nos dijo que había problemas en su familia y quería volver a la cárcel, terminar la escuela y tener más tiempo para preparar como vivir por su cuenta.

Fuimos con Jesse a una reunión con el juez y los servicios sociales. Jesse pidió regresar a la cárcel juvenil hasta sus dieciocho años. Se decidió que durante los pocos meses que faltaban para esa fecha, vivir en la detención sería más eficiente que encontrar un hogar de acogida y Jesse pudo regresar a su cuarto y cama.

El director de la cárcel juvenil era un señor de Chicago que había contratado la tribu. El me llevó a un lado después de la reunión con Jesse para decirme: —No me di cuenta de que estaba aquí para dirigir un hogar grupal terapéutico, no una cárcel. Que locura, los delincuentes jugando al fútbol americano en el liceo y montando a caballos.

Estábamos platicando en el estacionamiento, los dos mirando en la dirección de la Montaña Roja, el refugio de los Pima durante sus guerras.

—Es un ajuste, —me dijo. —Yo toda la vida trabajando en las cárceles brutales de Chicago. Pero me alegro de que Jesse haya vuelto. Me siento como si fuera uno de mis hijos. Cuando al fin se vaya, lo invito a cenar, como regalo de graduación. Que sepa que no está solo.

17

La niña venia de una tierra Indígena donde orgullosamente la mitad de los niños todavía hablaban apache. Pero ella tenía un tío enfermo en la reserva Pima-Maricopa, y decidió estudiar en nuestra escuela mientras lo cuidaba. Pronto volvería a la reserva de su tribu.

La niña ahorraba años para comprar las costosas plumas de águila necesarias para una ceremonia de mayoría de edad. Esta sería una iniciación elaborada que tomaría días e involucraría gran parte de su reserva Apache.

Era una de las pocas ceremonias de mayoría de edad que aún permanecían intactas en las tierras tribales.

Ella perdió a uno de sus padres cuando se le atoró un pie en los rieles del tren y al otro por la diabetes, pero sus abuelos se hicieron cargo. Su ceremonia estaba en el planeamiento cuando, sin explicación, sus plumas desaparecieron.

Algunos miembros de su familia culparon a parientes del robo. Pero la niña prefería la creencia que los espíritus se las llevaron porque no era su momento de ser iniciada, y por razones que sólo los espíritus entendían.

Me entristeció mucho, pero al menos este cuento terminó alegre. A medida que se corrió la voz, la familia y los líderes tribales reunieron recursos hasta conseguir las plumas costosas. Negarle a una joven Apache su ceremonia de iniciación hubiera sido una herida profunda.

Le pregunté a uno de los ancianos Pima que pasó con las ceremonias de jóvenes en su tribu. Me dijo que la última ceremonia fue antes de la hambruna, antes de que el río fuera desviado por el gobierno. Se recordaba que entre varios ritos había uno donde la niña iniciándose tenía que pararse en un hormiguero y aguantar. Varios padres Pima-Maricopa sabían de eso, y era un deseo común revivir en alguna forma la antigua iniciación de las niñas.

Pero cuando pregunté por los inicios de los varones, todos me dijeron que esos ritos se habían olvidado completamente.

Hice las mismas preguntas a las familias Apaches en San Carlos, la reserva conocida como la tierra del gran líder Gerónimo. Ellos me explicaron que las ceremonias masculinas involucraban habilidades como cazar, dominar el caballo y saber los secretos de sobrevivir sin ayuda en las montañas. Esas habilidades definían un hombre en los viejos tiempos, pero se volvieron obsoletas. Aunque el inicio de mujeres seguía y tenía mucha importancia, la iniciación masculina había desaparecido de la memoria común.

En la escuela, nos preguntábamos qué ritos de iniciación existían en la vida moderna. Ritos que significaran para los jóvenes que se les estaba confiriendo la edad adulta, y que servían tanto para los hombres como a las mujeres.

La conclusión fue que eran cuatro ritos, cada uno con su prueba: la licencia de conducir un carro, el primer trabajo, un reconocimiento por algún logro o habilidad; y al fin, el diploma al completar los estudios. Para las mujeres había otros ritos de importancia, experiencias como la quinceañera o tener un bebe. Pero licencia, primer trabajo, reconocimiento de algún logro, y graduar la escuela eran los ritos de todos.

Y esos cuatro eran los ritos que niños problemáticos y fracasados, los adolescentes con antecedentes penales, nunca iban a experimentar. Esto se tenía que resolver.

Muchos de los hijos de la tribu solo habían asistido a escuelas fuera de la reserva, donde se sentían despreciados y poco se presentaban. Tal vez un tercio no había asistido a la escuela en absoluto.

En la reserva teníamos mucho joven que leía a un nivel de tercer grado, aunque tenían ya dieciséis años. Si seguíamos las normas del gobierno y la sociedad, con enfoque limitado en pasar materias y exámenes nacionales, la gran mayoría de nuestros estudiantes iban a verla imposible, y eso quitaría la razón para asistir.

Decidimos tomar otra dirección. El propósito de escuela seria criar jóvenes de buen carácter, que podían hallar un camino productivo y que sabían perseverar. Nosotros, la comunidad de maestros, íbamos a recompensar el carácter y el esfuerzo tanto como los exámenes. Y si un estudiante a los dieciséis años leía al nivel de tercer grado, pero con mucho esfuerzo al final del semestre había avanzado al sexto grado, se tenía que ver como un logro significante. Y aunque no estaba a nivel que el gobierno dictaba, en la vida cuenta tanto el carácter como los conocimientos. Un joven que sabe trabajar, perseverar y avanzar puede conseguir cualquier meta. Ese joven va a ser productivo.

Reducimos el currículo a lo esencial, lo que cualquier persona tenía que saber. Para graduar tenían que dominar estos conocimientos críticos, conseguir un trabajo, obtener la licencia de conducir, y ganar un reconocimiento por algún hecho, sea deporte, cocina, arte, cuidado de animales, o alguna manualidad. Esto con esfuerzo y enfoque estaba al alcance de todos.

Nuestra meta era que al entregar el diploma, el presidente de la comunidad podría decir a cada graduado:

—Tu tribu te acepta en la comunidad de adultos, uno entre nosotros, con fe que podrás enfrentar a la vida con valor y llevar nuestra comunidad a un buen futuro.

18

Ray Yazzie era el menor de varios hermanos, todos los cuales compartían afiliación a pandillas. Había estado involucrado en peleas de escuela desde la primaria.

Lo aceptamos como estudiante después de que lo acorralaron por robo de autos y el juez tribal dijo que, al salir de la cárcel, tenía que quedarse en la reserva para asistir a la escuela. Le quitaron la opción de ir a escuelas en la cuidad y perderse.

Tuvimos una reunión de maestros y estuvimos de acuerdo en que Ray Yazzie iba a participar en el equipo de fútbol americano. Obligado. Los entrenadores eran un grupo de hombres indígenas serios y dedicados. El Sr. Fields, nuestro subdirector y de la tribu navajo, decidió inscribir a Ray en el programa de arte, que el enseñaba. Esto le daría al subdirector la oportunidad de ser un apoyo para el muchacho.

Colocamos a Ray en nuestra "Academia del Regreso", un salón independiente para estudiantes en transición del encarcelamiento a la escuela normal. Había un énfasis en la educación especial en esta Academia, incluso para los estudiantes que no tenían un diagnóstico oficial. Ayudantes pagados y voluntarios apoyaban a cada estudiante, y todos los días se comunicaban con los padres. Como había pocos teléfonos en la reserva, un asistente conducía a las casas cada tarde para dar un resumen del dia.

El primer semestre, Ray aprobó cursos, le fue bien en fútbol americano y recibió un honor ante la comunidad, el primero para su familia. Si estuvo involucrado en una pelea y fue enviado a una sala donde los estudiantes rebeldes participaban en una interactiva sobre las expectativas tribales, antes de pasar una semana ayudando en la casa de ancianos como penitencia.

Durante el segundo semestre, Ray fue parte de otro altercado, y cuando una maestra trató de interrumpirlo, la golpeó. Según la ley tribal, esto requería el encarcelamiento. La policía lo detuvo.

El subdirector y la maestra golpeada visitaron a Ray en el correccional juvenil que estaba a vista de la escuela. El propósito de la visita era hacerle saber que, aunque se ganó el encarcelamiento, seguía siendo parte de la escuela y de la tribu, y que no sería abandonado. La maestra expresó su continua fe en él, y Ray ofreció una disculpa por sus acciones.

Tuvimos una reunión con el juez tribal. Solicitamos que se le permitiera a Ray seguir entrenando con el equipo de fútbol y competir con su equipo los viernes por la noche. El juez y el jefe de policías dieron su permiso y se hizo arreglos para el transporte de cárcel a la cancha.

La familia de Ray alcanzó ver al hermanito menor contribuir sus habilidades en el estadio de football cada viernes, y sus compañeros de equipo seguían presionando que mantuviera un buen comportamiento. A diario aprendía disciplina en los entrenamientos.

Mientras detenido, Ray continuó participando en un programa de terapia con caballos, clases de arte y tutoría con un anciano de la tribu que enseñaba a leer. Tuvo la oportunidad de escuchar a los mismos oradores invitados a visitar la escuela normal y recibió el cepillado y bendición de la curandera como todos. En la primavera, la escuela participó en un concurso de artes tribales en el Museo Heard, y una figura solitaria y oscura pintada por Ray ganó un premio.

Tras su liberación, nos reunimos para recibirlo y planear su regreso a la Academia. Sus padres, los maestros y la policía estaban allí, al igual que unos pandilleros rivales: a estos se les invitó para obtener entendimientos escritos y verbales de que no habría conflictos cuando Ray regresara al campus. La reunión fue positiva y clara en las expectativas y esperanzas.

Mas que todo, se le recordó a Ray Yazzie que el pertenecía a algo más grande que él, más fuerte que él, y atado a él. La comunidad de adultos estaríamos tercos en ayudarlo desarrollar en un buen hombre, como él quería y ocupaba ser. Le aseguramos que de esa batalla ningún íbamos a correr o rendir.

Este Libro se encuentra en
Ingles como:

Teaching in Tough Places

A Teaching Life with Gangs,
Delinquents & High-Risk Youth

Tambien por el autor

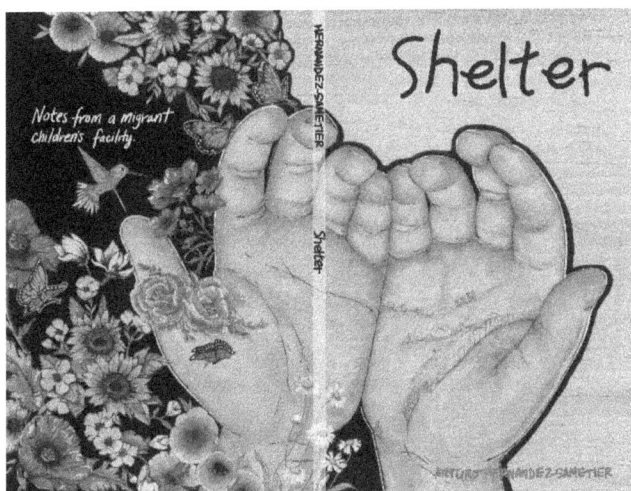

Refugio
Notas de un centro para niños migrantes detenidos

Available in English as "Shelter: notes from a detained migrant children's facility"

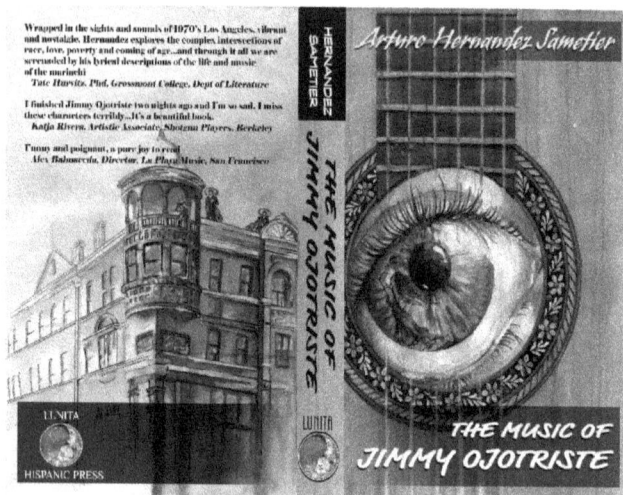

La música de Jimmy Ojotriste

"Una bella novela que recuerda a Márquez y Allende"

Goodreads Review

Arturo Hernandez-Sametier
2006 National Teacher of the Year
American Association of Hispanics in
Higher Education
Please visit Lunitabooks.com for more
information